偏差値30台からの
難関大学合格の手順

難関大学の受験指導のプロ
久保田幸平
Kohei Kubota

青春出版社

はじめに

私は今までの指導経験のなかで、中学校までに習う漢字の読みさえまともにできないくらい勉強が苦手な生徒に接してきました。たとえば、高3時点で「国家」という漢字が読めない生徒を無事大学合格に導きました。

また、夏にセンター試験（現、共通テスト）模試の世界史で100点満点中8点しかとれなかった生徒を、半年に満たない指導期間にもかかわらず、本番で80％近くの得点に導きました。

韓国の位置を地図上で指し示すことができなかったり、日本とアメリカが戦争をしていた事実さえ知らなかったりするような生徒を、一からきたえぬいた経験もあります。

こうした経験を活かし、**この本は現時点で志望校合格には絶望的に学力が低い人、あるいはそのような自覚があるとか、親や周りの大人たちからそのように言われて育ってきたという人を対象に書きました。**というのも、私は次に述べる生い立ちから、そのような受験生にたいへん共感するからです。

1989年、福岡県にて、私は生まれました。

当時の地元は、ヤンチャな少年が多くいる環境であったことから、周囲の影響を心配した親は、私に中学受験をさせました。進学したのは中高一貫校でしたが、「偏差値の高い有名大学」に行くという価値観が支配的で、教師が日々勉強のことで生徒を叱り飛ばす環境がとにかく私に合いませんでした。

そして、次第に「勉強をして大学受験をする道」には進まず、プロレスラーにでもなろうと思うようになりました。そして、高校一年生で退学し、偏差値が39の定時制高校に転校しました。

この高校では、異世界に来たかのような校風の違いに驚愕《きょうがく》することになります。今度は一転して、教師がよく言うセリフが「そんなんじゃ卒業できないよ」に変わりました。高校卒業自体が目標の生徒が多数在籍していたのです。

学校全体で一学期のあいだに停学者が数十名出るようなところでした。ここに通ううちに、大学受験など頭の中から消え去っていきました。

将来の夢「プロレスラー」を目指すための鍛錬《たんれん》が進んでいましたが、その一方で、やはり将来に不安を感じ、高校卒業とほぼ同じくらいのタイミングで、大学受験をする道を考え始めました。現役時代はどこも受験をせずに、浪人生活が始まりました。

志望校は、早稲田大学に設定しました。理由は、いくつかあります。❶遅れて大学生になるならばいいところに行きたい、❷地元から遠くの都会に出てみたい、❸「あいつは落ちこぼれた」とバカにしてきた人たちを見返したい、などです。

浪人生活は、たいへん苦労しました。どうしても「勉強をする」という行為ができないのです。高校を卒業すること自体が目標という人が多くいる環境に数年身を置き、受験勉強どころか、まともな学校生活を送るということからも一度完全に離れてしまったため、勉強方法もわからず、モチベーションの維持も困難で、2年間奮闘して20歳でようやく大学に合格できました。

晴れて大学に入学し、「都会の華やかな青春」らしきことを1年間ほど経験したのち、教育業界への就職を考えるようになりました。大学生時代に塾講師を始めて、その後、大学院教育学研究科の修士課程まで修了しました。教員免許も取得し、大学院を出た後に学校教員の道にいったん進みかけるも、大学受験指導の塾・予備校講師の道に方向転換しました。

私はこのように、生徒として、あるいは指導者として、さまざまな教育業界の環境に身を置いてきました。また、学生時代に留年や就職活動の失敗なども経験しています。この経験のなかで、**受験勉強において避けなければならないことや、逆に取り入れたほうがいいことがわかってきました。**塾と学校の視点の違いなども理解し、指導に活かしています。そして私は自分のノウハウを世に出す使命を感じています。

なぜなら、書店に置いてある勉強法指南本や、YouTube等で発信される情報を見ていると、**受験勉強の環境としてゼロあるいはマイナスの状況から大学受験を成功させようとする人にとって、必ずしも有益でない情報が散見される**からです。

特に、偏差値がものすごく低かった人が東大に受かりました……みたいなタイプの本は、たしかに勉強法として「正しい」ことが多く書かれています。しかし、これを誰もが実行できるかといえば、非常に難しいと思われるアドバイスも多々あります。

科目数も非常に多く、日本で大学入試難易度1位の東大に受かった人が言う「偏差値が低かった」は、さすがにそのまま受け取ることはできません。

まだ勉強していない科目は、最初は模試で点を取れないので、30後半~40前半くらいの偏差値を誰でも取ることがあります。超名門進学校の生徒も含めてです。

ところが、名門高校に通う生徒は受験勉強に慣れているため、すぐに教科の全体像を把握し、次の模試で8割以上得点し、偏差値を60以上に持っていくことも可能です。こうして「2カ月で偏差値が20アップした俺の超効率勉強法」の出来上がりです。

高い目標を叶えた人、なにか技能を身につけた人は、ふつう地味な反復練習の積み重ねを行っているものです。たとえば、日本語を話せること自体もひとつの技能と捉《とら》えてみましょう。冷静に思いかえすと、幼い頃に家族から言葉遣いを何度も訂正され、小学校では「漢字ドリル」にひたすら取り組んできませんでしたか?

スポーツ選手だって同じです。誰もがはじめはルールを覚えて、基礎体力をつくって、ストレッチで柔軟性を高めて、「キツイなあ」と愚痴をこぼしながら地味な苦労を重ねてきたのです。

けれども、このような目標到達にどうしても必要な初期の努力、試行錯誤を軽視したようなアドバイスが、現状さまざまなところでよく行われています。これを信じて失敗する受験生が毎年たくさんいます。本書では、そんないいかげんなアドバイスはしません。

大学受験を目指すにあたり、現状が「絶望的」な人は、勉強方法がわからないということに加え、そもそも誘惑の多い環境に身を置いていたり、経済的に恵まれていなかったり、勉強を実行する力が不足していたりすることが多いです。

本来ならば、学びたい内容を重視して大学選びを行うのが理想ですが、今は漠然と「とりあえず就職に有利なところに行きたい」「バカにした人を見返したい」などの理由でもいいでしょう。

ただし、その希望を叶えるにはやるべき分量、到達すべきゴールが決まっています。裏ワザみたいなものは期待しないほうがいいでしょう。**本書では、本当に必要なことを、確実にステップアップできるメソッドを、ストレートに伝授します**ので、しっかり吸収してください。

みなさんのなかには中学からずっと遊びまくって羽目を外して反省し、これから人生を変えたいと思っている人がいるはずです。自分はバカだから……、勉強が苦手だから……、学校の定期テストで赤点ばかりだから……と、自信を持てない人もいるでしょう。

でも大丈夫。同じ人間なのですから、脳の容積は変わりませんし、**そもそも大学入試くらいまでは頭の良し悪しはそこまで重要ではない**のです。本書の内容を参考に勉強すれば大学受験くらいなら「頭の良い人」になんとか追いつけます。

ただし、そのためには努力を「正しく」行う必要があります。それを伝えるのが本書の役割です。では本編に入っていきましょう。

contents

目次

偏差値30台からの難関大学合格の手順　目次

第2章 勉強が苦手な人ほど「やってはいけない勉強法」を知っておけ …… 49

～確実に学力をつけるツボ～

contents

目次

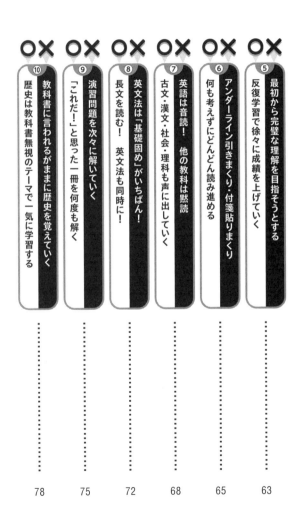

contents

目次

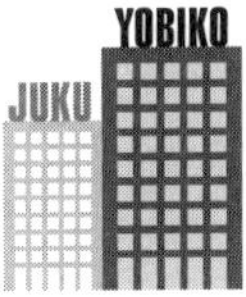

contents

目次

出版プロデュース■森モーリー鷹博
本文デザイン■渡川光二
DTP■キャップス

第1章

「誰でも難関大学を目指せる」と私が言う理由

〜偏差値20アップも夢じゃない！〜

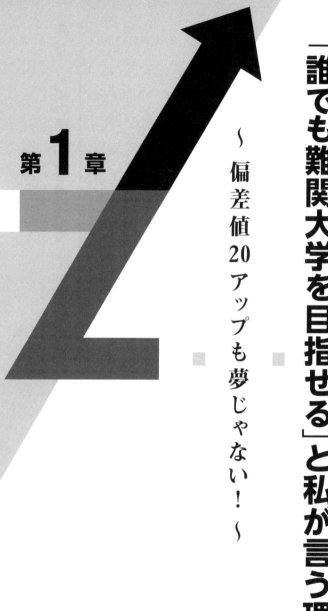

①

誰も教えてくれなかった大学受験の真実

これから大学受験を突破するための戦略について解説していくわけですが、その前にどうしても話しておきたいことがあります。それは大学そのものがどういうところなのかということについてです。**大学とはなんぞや？　がわからないと、大学受験について理解するのは難しい**でしょう。ですから最初に大学という存在について理解を深めてほしいのです。

では、**改めて大学とはなんでしょうか？　ひとことで答えるならば、ズバリ「学問をするところ」**です。なにをそんな堅苦しいことを……と思ったでしょうか？　それとも、そんな当たり前のことを……と感じましたか？　でも、これってすごく大事なことなんです。

大学は、友達をつくるところでも、サークルや部活をするところでも、就職のための知識をつけるところでもありません。もちろん、充実したサークル活動を行って、結果的に友達ができたり、就職もうまくいったりすることはあるでしょうし、これらを否定する気はありません。ただし、大学側、特に大学教授のスタンス的には、これらは「どうでもいいこと」と表現しても言い過ぎではないでしょう。

なぜなら、大学は歴史を振り返ってみても学問研究をするための場でしたし、大学の先生は、学問研究をしてその成果を世に発表し、社会に還元したいという共通した意識を持っています。ですから、大学の先生というのは、サークル活動に精を出して勉強をおろそかにしている学生や、とりあえず就職できればいいやという考えの学生を内心よく思っていません。

もうおわかりですね？　そんな先生たちが大学入試問題を作成するんですよ。だからこそ、入試問題で扱われるテーマを分析すると、**「あなたはウチの大学に来て学問をする準備ができていますか？」「この問題が解けないようじゃウチで研究できませんよ」といったメッセージを明確に読み取ることができます。**

たとえば、２０１９年の慶應義塾大学法学部の論述力（小論文）の試験では、国際人権問題への日本の対応について書かれた題材を読んで、自身の考えを解答する問題が出題されました。

また、２０２１年の早稲田大学商学部の世界史の試験では、アメリカにおける黒人に関する出題がなされ、世界史というよりも、ほとんど政治経済や公共（従来の「現代社会」に代わり2022年度よりスタート）で出題されそうな直近の時事問題である「ブラック・ライヴズ・マター（BLM）」＝「黒人の命も大切」運動を解答させる問題もありました。

繰り返しになりますが、これらは大学の先生のメッセージです。テニスにたとえると、このメッセージはサーブです。「あなたは人権問題について書かれた、決して簡単ではない文章を読んで自分の考えをまとめ、他人にわかるように文章で表現できますか？」、「いまだにアメリカでは人種差別が残っていますが、その歴史的経緯をわかっていますか？あなたはこういったことに関心を持ってニュースを見ていますか？」という受験生に対するサーブが放たれたのです。

大学受験とは、こうした**「大学は学問研究をするところだけど、君たちはその準備はできてるの？」という大学教授のサーブを、みなさん自身がレシーブし、「はい、私は準備ができています」と、猛烈に打ち返すという営み**です。そのことをしっかり意識してください。

実際に大学に入学してから何に対して注力しようと個人の勝手です。サークル活動で遊びほうけても、アルバイトを頑張ってお金を貯めて旅行したりファッションにお金を使ったりしても自由です。

しかし、少なくとも**大学受験を突破するまでの受験生のあいだは、「大学は学問をするところ」という大前提を受け入れ、その準備をするような勉強をしないと、本番の試験で問題が解けるレベルまで学力を上げるのは困難である**と覚えておきましょう。

昨今の入試問題の傾向についても触れておきましょう。従来は、「一般入試」「指定校推薦」「AO入試」という方式が知られていました。これが現在は順に「一般選抜」「学校推薦型選抜」「総合型選抜」と改称されています。従来のAO入試は学力試験がありませんでしたが、今の総合型選抜では学力も確認することが必須となりました。

本書は、**現在学力が低い人でも難関大学に合格する方法を伝える**ため、ある程度ハイレベルの高校で好成績をとることにより合格を勝ち取る「学校推薦型選抜」は主眼に置いていません。**メインは大金星を可能にしやすい一般選抜**です。

ただし、一般選抜は私立大学においては新入生全体の約半数しか入れないルートで、残りの半数は一般選抜以外の「学校推薦型選抜」、「総合型選抜」からの合格者をとります。

国立大学でも、一般選抜以外の募集枠が近年増加傾向にあります。一般選抜以外の方法を使える状況にある人は、そちらの方式も検討し、使える選択肢を安易に排除しないようにしてください。

このように、現在の入試は、受験生の親世代のそれと多くのことが変わりました。入試方式も変わりましたし、そもそも大学入試センター試験がなくなって、代わりに大学入学共通テストになりました。最近の大学入試の傾向は、全体的に、資料を読み解き、自ら考え、表現する力を重視する流れがあります。ぜひ入試の情報もなるべく自分で把握するように努めてください。入試は情報戦の面もありますから。なお、このあたりの情報については、『いま知らないと後悔する2024年の大学入試改革』（石川一郎著、青春新書インテリジェンス）あたりが詳しいです。

② 私が教壇に立って最も驚いたこと

この仕事をしていると、驚くことはしょっちゅうなのですが、20代の頃に勤めたある高校での出来事が忘れられません。

その学校は、国公立大学や医学部、早慶といった、いわゆる最難関大学に進学する生徒は毎年ほぼゼロに近く、勉強が苦手な子が集まる学校でした。偏差値だと40台の生徒も多く、一般選抜での合格を目指す生徒よりも、推薦制度により大学入学を目指す生徒が多数派でした。例外的に、「特進クラス」とは名ばかりの、多少真面目に勉強に取り組む生徒を集めたクラスからかろうじて1～2名GMARCH（学習院、明治、青山、立教、中央、法政）に入るかどうかというレベル感です。

模試の監督に入ったときは、そもそも制限時間内に解くのが難しい分量がある英語や国語で、開始15分もすれば教室の4分の3があきらめて机に伏せて寝てしまう場面を目撃しました。

そんな学校で最初に驚いたのは、**早稲田大学あたりに進学できそうだなというポテ**

ンシャルを感じる生徒が、「特進クラス」だけでなく、それ以外の一般入試にチャレンジする人があまり在籍していないクラスにも、複数名いたことです。

私は早稲田に大学院まで通ったので、相当数、早稲田の学生と交流を持ってきました。サークル活動やアルバイトでは、他校の学生と交流することもありました。自分の母校に入るのは頭の回転がどれだけ速い人たちなのか、どれほどの学力の人たちなのか、わかっています。当時勤務していた学校の一部の生徒らと、早稲田の学生には大きな違いはありません。この経験から、**偏差値が高くない学校の子でも、べつに能力が低いとは限らない**んだなあと学びました。

そこで当時、ポテンシャルを感じた生徒たちとのコミュニケーションのなかで、大学への進学を考えている生徒には「まだ1年生だし、行こうと思えば早稲田大学や国立大学にだって行けるよ」との言葉をかけてみました。すると、「私はバカなので」とか「親に『お前はどこも大学に受からないから働け』って言われます」という類《たぐい》の反応が複数人からありました。

ショックでしたが、話はここで終わりません。あまりに腑《ふ》に落ちなかったので、職員室で同僚の教員に「○○さんって能力高いですし、大学に行きたいらしいので、今から頑張れば早慶であろうと、どこでも目指せますよね」といった話をしてみたのです。すると、信じられないことに、「真面目だよね。でもそんなに言うほどなの？　うちの学校だと無理でしょ」といった回答をされてしまったのです。

つまり、生徒も、保護者も、教員も、すべての人が可能性を信じていない状況だったのです。一方、私は生徒の日頃の授業での反応、定期テストでの間違い方の観察から、早慶、ＧＭＡＲＣＨ、日東駒専と幅を広げていけば、かなりの生徒に可能性があると確信していたので、本当にあの時は理解に苦しみました。悲しいことに、**「バカなあいつら」が自分の出身校と同等かそれ以上に難しい大学に受かるわけがない、という決めつけをする教員も世の中にはいます**から、困ったものです。

ただ、大学受験を頑張る意義は、こういうところにもあるのではないかと私は思うのです。右記のように、他人は勝手にすぐレッテルを貼ります。そこで受験勉強を頑張り成果を出せば、まずは社会に出たときに「能力がある」とみなされる可能性が高まります。どこの大学に進学しようと、その人物の人間性や、人としての価値が高いとか低いなどとは言えません。学びたい先生がいて、本来難関大学に受かる学力がありつつも、あえてその先生のいる中堅の大学に進学するというケースもあるでしょう。

しかし、そういった事情が特にないならば、**できるだけ精いっぱい受験勉強を頑張って、いわゆる難関大学を目指す価値は大いにあります。**まず、難関大学は歴史や伝統があります。慶應は前身の蘭学塾を1858年に福沢諭吉が、早稲田は前身の東京専門学校を1882年に大隈重信が、それぞれ設立しました。GMARCHや関関同立も明治時代の前半に設立されたところが多いです。

長きにわたる歴史があるため、OB・OGがたくさんいますし、世間の期待や、企業の評価もそれなりに高いです。バカにされることはないですし、なによりスタート地点で差別される機会が減ります。今あまり学力が高くない人は、合格した時に周りの反応の変化にきっと驚くでしょう。

みなさんも、そんな周囲の変化を想像し、ご自身の可能性を信じ、将来「いい仕事」につきたいとか、「いい大学」に入れば優秀な人に囲まれて切磋琢磨できるのではないか、という期待のために、一念発起してこの本を読んでくれていると思います。**出身大学名は一生ついてまわるからこそ、ぜひ目標の大学に入れるように頑張ろうではありませんか。**

③

偏差値を上げるには「大原則」がある

みなさんのなかには、自分はどんなに勉強してもダメだと思っている人もいるでしょう。しかし、これは間違いです。こんなことを言うと、「いやいや、自分は頑張ってもダメだった。2週間前から余裕をもって勉強しても、前日に詰め込んだだけの頭のいい同級生に定期テストの点数で負けたのだ」といった声が聞こえてきそうですね。でもやはり間違いです。

以前、夏終了時点（ほぼ秋）で世界史のセンター試験模試を全力で解いて100点満点中8点しかとれない生徒がいました。30数問中、3~4問程度正解すれば8点はいきますから、これは本当にひどいレベルです。

たとえば、「よし！　解いてもわかんないから、マークシートの解答用紙は、すべて3番のところを黒く塗りつぶすぜ！」と、まったく問題を読まずにいいかげんに試験に挑んだ場合よりも点数が低いと言えます。しかしこの生徒は、本書でこれから紹介するさまざまな方法を実践したことで、本番で8割近く得点することができました。

また、アメリカ、韓国、中国など、簡単にその位置を世界地図上で指すことができそうな国ですら、まったくその地理的常識がなくて指せない生徒も多数指導してきました。

これだけK－POPが流行り、「韓国はお隣の国」と聞いたことがあっても、いざ場所を聞かれると、北朝鮮を指してしまう人がいます。中国やモンゴル、または東南アジアの国を指して「韓国はここですか？」と真顔で言ってくる生徒も過去にいました。

そういった生徒は、小中学校で学習する社会科の知識が欠如していることが多く、そこまでいったんレベルを落として学習することで学習の下準備をおこない、その後、しっかり成績を伸ばしていきました。

これらのタイプは、自分自身のことを「頭が悪い」「覚えるのが他人よりも苦手」という意識を強く抱いていることが多いです。たしかに、模試の成績が悪く、小中学校で学ぶ常識的な知識が欠落している状況を見ると、これまで親や教師など周りから「勉強が苦手」とみなされ、そのようなキャラクターが確立していき、いつのまにか自分自身でも「頭が悪い」という自己評価になっていったのだろうと容易に想像できます。

ところが、このような生徒も、受験勉強に関係のない知識や、好きなユーチューバーが動画で語っていた話題になると詳細に記憶していて、趣味の話になると饒舌《じょうぜつ》に語ります。

ということは、なにか情報をインプットして、それをアウトプットするということについて極端なハードルがあるわけではないようです。「先生！　自分、頭悪いんで」と言ってくる生徒について、「たしかに本当に頭が悪いなあ」と思ったことはほぼありません。

では、なにが問題なのでしょうか。想像してみてください。たとえば好きなユーチューバーが複数の動画にまたがる企画をやっていて、あなたはこれからそれを見ようとしているとか、ずっと楽しみにしていた話題のドラマをこれから見ようとしているという場合を。そこで3本目から動画を視聴しますか？　あるいは、主人公の背景が描かれた第1～第7話をすっ飛ばして、いきなり第8話からドラマを見ますか？　そんなことはしませんよね。内容が理解できないでしょう。

勉強でも同じです。**この「第1話から始める」という大原則を守ってくれれば、どんな人でも学力を伸ばせます。**小中学校の勉強内容が頭に入っていない人は、大急ぎでそこから始めればいいのです。周回遅れかもしれませんが、いくら根性を出しても、規定のルートを無視して走ればマラソンでも失格です。

とはいっても、「自分は『底辺校』に通っているんだ。通っている学校が進学校じゃなくても大丈夫なのか」という声も聞こえてきそうですね。はい、それも大丈夫です。**どこの学校に通っていようとも、結局、受験を突破するためにやるべきこと、到達すべきレベルというのはだいたい決まっている**のです。進学校に通っていても、このレベルに満たない者は不合格となり、非進学校の生徒でも、すべき勉強量をこなし、到達すべきレベルに達していれば合格です。実にシンプル。安心してください。

くどいようですが、「頭が悪い」「勉強が苦手」の正体は、いきなりドラマを途中から見ても内容がわからない、みたいな話なのです。今までヤンチャしていても関係ありません。そもそもヤンチャ＝頭が悪いではありませんからね。

自分は頭が悪い……、ヤンチャしてて勉強なんてしたことない……。気にしてはいけません。本書で示したアドバイスを守って、さかのぼるべきご自身のスタート地点から勉強を始めてください。頭の良し悪しは大学院で研究をするレベルになるまで気にしなくていいですよ。

④

受験勉強以前の合格の常識

さて、受験勉強成功のために、みなさんは次の公式を覚え、肝に銘じてください。

「努力」×「モチベーションの持続」×「メソッド（やり方）」＝合格

まず、読者のみなさんには受験を成功させてほしいので厳しいことを……というより、あえて本当のことをお伝えします。**入試本番までに必要な努力、すなわち勉強量がまったく足りなかったという人は結果的に受かりません。**

そこで、「どのくらい勉強をすればいいんですか？」とよく聞かれますが、どのくらいと言わず、**可能な限りすべての自由時間を勉強に費やしてほしい**です。しかし、どうしても最低限の目安が欲しい人に向けて大人が受験することの多い資格でたとえてみましょう。

法律系の資格で、「難関」とされる国家資格に行政書士という資格があります。弁護士になるための司法試験ほど難しくはありませんが、そこそこ骨の折れる難関資格と表現して差し支《つか》えないでしょう。受験資格がなく、中卒や高卒の人でも受験できるため、人生一発逆転可能！　人気の資格です。

さて、この資格、なにも法律の知識がない「素人」がチャレンジした場合、最低でも600～700時間は勉強が必要だと言われています。ところが、法律の文章はそもそも難解であるため、著しく勉強が苦手な人などは1000時間以上必要となることもあるようです。いずれにしても「ゼロ」から始めたら最低でも600～700時間は絶対に必要なのです。

同列に扱うことはできないかもしれませんが、**「ゼロ」レベルから、選抜度が高く他人からの評価も高い難関大学を目指しているであろうみなさんが、実際に合格を勝ち取ろうとするならば、同じように600～700時間程度はいかなることがあっても確保してほしい**と思います。

たとえば一日5時間勉強をするならば、1カ月で150時間。それを4カ月継続です。これが最低ラインです。当然ながら最低ラインで合格できると考えるのは甘すぎるのでもっと確保してください。可能な限りすべての自由時間を勉強に費やしてほしいと述べたのはそういうことです。ちなみに、学校に通っている場合、学校の授業時間は含めずにこのくらいの勉強量が必要です。

勉強量をこなすための心がまえ

いま、読者のみなさんの顔が若干険《けわ》しくなったのが想像できました。なかには「よし！」と覚悟を決めた人もいると思いますが、「700時間かあ……」と不安になった人、いますよね？　わかりますよ！　私もかつてそんな時期がありましたから。

でも、安心してください。なんでもそうですが、勉強に慣れて、ルーティーンもできて、コツをつかんでいけば、時間はいつの間にか経過しているものです。最初は多少キツイかもしれませんが、700時間も座禅をするわけではありません。頭や手は動かすので、知的な興奮もあります。**「苦行」のようなイメージで受験勉強を捉えないようにしましょう。本書には勉強量をこなすためのヒントをたくさん書いていますので、そこま**

で心配する必要はありません。

次に「モチベーションの持続」についてですが、「やる気の継続」と言い換えてもいいかもしれません。心理学では、「やる気」のことを「動機づけ」と表現します。大学受験に成功するための努力は短期間行ってもあまり意味がありません。継続しなければ勉強の絶対必要量に到達しないからです。「動機づけ」の具体的な方法についてはあとで詳しく述べますが、実にさまざま、あの手この手をつかって行う必要があります。

最後に「メソッド」について説明しましょう。東進ハイスクール講師の林修氏には、「正しい場所で、正しい方向で、十分な量なされた努力は裏切らない」という名言があります。この「正しい場所」、「正しい方向」という部分がメソッドに関係するところです。

もしかすると、「正しい勉強のメソッドなんてあるの?」と思っている人もいるかもしれません。たしかに、唯一絶対の正解はないのですが、**私のように受験指導で生活しているような「プロ」は、今まで数多くの受験生を観察し、多くの成功例と失敗例のストックがあります。**これらの経験も立派なデータです。

このデータを活用すれば、ある程度正しい勉強のメソッドというのが見えてきます。大事なのは、成功例をマネし、失敗例を反面教師にすることです。ただし、たとえば成功した先輩の勉強方法をマネしたつもりでも、その先輩とあなたを比較したとき、諸々の前提条件が決定的に異なれば、あなたは参考にすべきでない人物の勉強方法を参考にしたことになるわけです。そして、この行為は多くの受験生が陥りやすい「失敗例」ですから注意が必要です。

他の人が成功したやり方では成功できない

私が大学に入学したての頃の話をしておきましょう。早稲田大学ですので、一般入試で入学した人のなかに「勉強をしていない」人など誰一人としていないのは間違いありません。しかし、「俺、部活やっててさあ～、10月までまったく勉強してなくて焦《あせ》って勉強したらギリ受かっちゃったんだよね～」などと話す人物を何人も目撃しました。

素《す》でそのように思っているのか、はたまた短期間で合格できる「頭の良さ」を自慢したかったのか、それは本人にしかわかりませんが、これが「虚偽《きょぎ》」であることは断言できます。彼らの出身高校はたいていの場合、有名進学校で、東大合格者を何人も生み出すような学校であるというケースが大半なのです。

要するに、中学の内申点も良く、高校受験で猛勉強したからその高校に行けたし、基礎学力はすでにある。たしかに高校1〜2年は部活や遊びに精を出したが、学校の授業は聞き、定期テスト前はさっと勉強し、本気を出したのは3年の秋でも、勉強に慣れているから数カ月ならば毎日長時間勉強もできたというオチなのです。

こんな人たちが、塾講師のアルバイトをして、ぜんぜん基礎学力のない高校生に自分の高校時代の感覚で指導をする、あるいはオープンキャンパスで会った**学力の著しく低い高校生に対して、現状の学力も尋ねずに「かるがるしい」アドバイスをするというのは本当によく見られる現象**です。

私の教え子のなかにも、「国語なんて3年の秋からでいけるっしょ〜」などと言われて信じ込んでいる生徒がいました。当然ながら、国語力はすべての科目の基礎ですから、学力がないのに3年の秋からやっているようでは入試で落ちます。

既存の勉強方法指南本や、YouTube 上の動画コンテンツには、私にも参考になる素晴らしい内容の本や、受験業界では著名な人物が勉強のアドバイスをしてくれる有意義な内容の動画もあります。

ただし、残念ながら前述のように**「迷える子羊」を罠にはめるようなタイプのものも存在します。**悪気なく秀才しか再現できないやり方を提唱しているものや、そもそもその方法は明らかに誰が見ても非合理的ではないかと思える、プロから見たら信じられないような、デタラメなコンテンツが実際にあるのです。

「底辺」からでも成り上がれる

本書は、著者である私が定時制高校に通っていったん学習から完全に離れたことが原因で、いざ大学受験を再び決意したときに非常に苦労した体験がまずベースにあります。さらに、私は高校や塾・予備校、映像授業の教壇に立ってきた現役の受験指導者です。

おそらく、「底辺」を経験した上に学校の教員として、塾・予備校講師として教壇に立って経験を積んできた人はそんなに多くないかと思います。

10代の頃、大人から「まともな少年ではない」「悪いことをするのではないか」とみなされ、警戒されるような態度をとられていた時期がありますが、そこから現在では「勉強大好き真面目少年だったでしょ?」などと勘違いをされるまでになりました。

「自分はまだまだ」と、思っていますが、ある意味、「成り上がった」とは言えるのかもしれません。ですから、読者のみなさんには、私の経験を活かして多角的な視点からアドバイスが可能であると自負しています。大いに参考にしてください。

⑤

合格するための自己分析をしよう

さて、みなさんは自分の今の状況をどのように捉えていますか? ここでは、ざっくりでいいので、まず自分はいったいどんな受験生なのだろうかと考えてほしいと思います。受験勉強をしていくなかで、周りの先生からのさまざまなアドバイスに触れることになります。

「○○な人はこの問題集がおすすめですよ」とか、「△△学部はこんな人に向いているよ」

などです。

自己分析をすべき理由は、自分自身のことを知らないと、このようなアドバイスをしっかり活かせないからです。**受験勉強を本格的に始める前に、自分はどのような受験生と言えるのか、考えておくのは大切**です。それを考える手がかりとして、私がこれからいくつか質問をします。

あえて、受験生の性格に関する細かい類型は示しません。もし、仮に、「あなたは優柔不断タイプです。このタイプの人はこのように勉強をしてください」のように単純化してしまうと、かえって受験生がそれに縛《しば》られてしまいます。

受験勉強戦略は、安易にマニュアル化できませんので、自分の傾向を大まかに把握《はあく》するための質問項目だと思って回答をしてみてください。そして、**本書や日常関わっている大人からアドバイスを得る際に活かす**ようにしてほしいと思います。では自己分析のスタートです。

あなたの居住地はどこですか？

東京・大阪などの大都市に住んでいる人は、選択肢が多いですね。予備校も複数あるし、小規模の塾もあります。人が多いということは講師も集まりやすいので、それだけあなたの志望校を卒業した先生や、あなたに合った指導方針の先生が見つかる可能性があります。

体験授業はきちんと受けてください。

ただし、選択肢が多すぎることは悩みのタネですね。英語は学校の先生で、数学は塾の先生、社会は映像授業のこの先生などと過度に科目ごとに勉強の拠点を細分化してしまうと、ゼロレベルから学力を引き上げていこうとする人にとってはあまりうまくいかないかもしれません。欲張りすぎないようにしましょう。

地方の、そこまで塾や予備校が充実していない地域に住んでいる人は、選択肢が限られているかと思います。しかし、**選択肢が限られているからといって、「ここでいいや」と安易に決めず、やはり体験授業などを受け、慎重に拠点選びをしてください。**なかには、みなさんの受験勉強にアドバイスをする立場のスタッフが大学受験や大学進学をしたことがないというケースもあります（実体験）。

誤解しないでほしいのですが、プロ野球選手になったことがないコーチでもプロ野球選手を育成できますから、自分の出身大学よりも難関の大学へ教え子を導くことは可能です。でも、野球をしたことがない人が甲子園球児やプロ野球選手など、ハイレベルを目指す人を育成するのは困難ではないでしょうか。いきなり学歴を尋ねるのは失礼にあたるので避けたほうがいいですが、**信用できるスタッフかどうか見極めたほうがいいでしょう。**

通っている学校のタイプは？

進学校でしょうか？　それとも非進学校でしょうか？　進学校には、最難関国公立大学へ合格者を多数輩出するような「正真正銘の進学校」と、口の悪い人から「自称進学校」と揶揄《やゆ》されるレベルの進学校がありますよね。

非進学校には、大学への進学をする人が多いけれども、ほとんど推薦狙いで、実績は選抜度の低い大学ばかりというタイプの「ふつうの非進学校」がまずあります。一方、そもそも卒業すること自体が危うい人が多数在籍していて、ときどき生徒が犯罪に走るような、「困難校に近い非進学校」もありますよね。

さあ、あなたはどれに該当しますか？　「正真正銘の進学校」に在籍していて、今この本を読んでくれているあなたは、学校の勉強にまったくついていけていなくて、どんどん進む学校の授業内容がまったくわからないという状況かもしれません。突然意識を入れ替えても周りについていくのは困難ですから、**いったん進学校に通っているという意識は捨てて、自分は非進学校の生徒だというような意識を持ってください。**

塾や予備校に入っても、進学校の看板を意識して上位クラスに入ってしまうと、結局おいていかれます。塾や予備校の授業は、集団授業の場合、受講者のなかの一番下のレベルには合わせませんので。

「自称進学校」に通っている人もいますよね。そんなあなたは、実力に見合わない課題を学校から過剰に出されて困っていませんか？　学校の課題をやらなくていいとは言いませんが、たとえ提出が遅れそうになったとしても、解答を写して慌てて取り組んだフリのみするようなマネはやめてください。時間のムダです。

やるならきちんと取り組んで、レベル感が見合わないならば、自分が取りこぼし

てきた入門的内容のインプットを優先してください。課題を出した先生に「平常点が下がるぞ」と言われても、事情を丁寧に説明すれば理解を示してくれる可能性があります。

非進学校に通っている人は、自分の通っている学校内で自分の立ち位置を考えてはいけません。学校で受けた模試は当たり前に上位でなければなりませんし、上位でも喜んではいけません。

べつに周りを見下す必要は一切ないのですが、**受験におけるライバルは、学校の外にいると思いましょう。**学校の進度をそこまで重要視せず、塾や予備校の進度にくらいついてください。どんどん先取り学習ができる映像授業が比較的効果を発揮しやすいのですが、映像だとすぐ寝てしまうなど、自制できない人は向いていないという落とし穴があります。

？大学でやりたいことは？

大学で何をしたいですか？　学びたいことが特にあるならば、大学のＨＰや、大学紹介の雑誌・記事を見て、その学問を学べるゼミの情報に触れ、モチベーションを高めるのもよいでしょう。研究室ごとにHPが存在することもありますし、東進TVというYouTubeチャンネルでは多くの大学を紹介する動画コンテンツがあり、大学入学後の研究を想像することが可能です。

一方、大学でサークル活動をして遊びたいとか、部活を頑張りたいという人もいますよね。あるいは、**就職できれば何でもいいやと考えている人もいるかと思います。そんな人はモチベーションの維持が課題となります。**

入学後、どんな生活が待っているのか、情報収集してみましょう。

たとえば、国際交流のサークルに入りたいという人ならば、その大学で該当するサークルにはどんなものがあるか検索してみるのです。すると、こんな時代ですから、写真や動画などがたくさんヒットするはずです。それを見てモチベーションを高めるのもいいでしょう。

私の場合ですと、SNSやサークルHPも検索したのですが、「早稲田魂」という早稲田の某サークルが発行している、バカバカしい内容をふんだんに含み、面白おかしく大学生活を紹介する雑誌を見て、入学後の生活を想像し、モチベーションを維持していました

（※現時点でオススメしているわけではありません！　笑）。

将来の夢についてはどうでしょう。年収が高い企業に就職したいと考えるならば、大学の就職先上位企業一覧などを見てみればいいのです。あなたの志望大学は、商社、銀行、一流メーカーなどの就職実績でどの程度の成果を上げているでしょうか？

マスコミだったら、この大学からＯＢ・ＯＧがたくさん出ている。公務員はこの大学からけっこう輩出している。ここの法学部は司法試験に強いらしい。こういった情報も「よし頑張ろう」とやる気につながります。

ただし、**情報収集ばかりして肝心の勉強を疎《おろそ》かにするのだけは絶対にやめてください**ね。**あくまでも自身のモチベーションを維持するための工夫として定期的に、短時間のうちに**行ってください。

あなたのパーソナリティは？

抽象的な質問ですが、あなたはどんな性格の持ち主でしょうか？　私が受験生のときは、集団授業を受けているときに私語をしている受講生がいるとすごく腹が立ち、講師が注意するより先に自分が追い出してやろうかと思うくらい許せない少年でした。

また、講師のしゃべり方がどうも受け付けないことが多くありました。クセの強いしゃべり方だとイライラしてしまうのです。こういうのってみなさんもありませんか？

さらに、私は比較的社交的な振る舞いもできたので、集団授業の予備校だと友達をつくりすぎてしまう懸念がありました。ですから、映像授業で個人プレーのように勉強を進めるほうが合っているかなと思い、映像授業の予備校を利用しました。

しかし、私は怠惰《たいだ》なうえに生意気なところがあって、勝手に「受ける価値なし」と判断して授業を見なくなってしまったり、気分次第でサボってしまったりするような人間でもあったのです。

そういう点では強制力の強い、授業の開始時刻や年間のカリキュラムがガッチリ決まっている集団授業が向いていたとも言えます。

みなさんはどうでしょうか？　すぐ居眠りしてしまう人は集団授業だと聞き逃したら終わりです。映像だとあとで巻き戻せます。映像のほうが良さそうですよね。ところが、集団授業だと緊張感があって逆に寝ないかもしれません。

集中力がある人はどこに入ろうと一日中勉強ができますが、私のように集中力がない人は、厳しく管理してくれるところのほうが勉強の絶対量を伸ばせるかもしれません。

いかがでしょうか？　**単純に類型化して、「そんなあなたはこの勉強法！」といったアドバイスができない**ことがおわかりいただけたでしょうか。ただ、せっかく自己分析をしたのに、結局自分がどんな状況にあるのかわからないと不安でしょうから、大まかな類型だけ示しておきましょう。

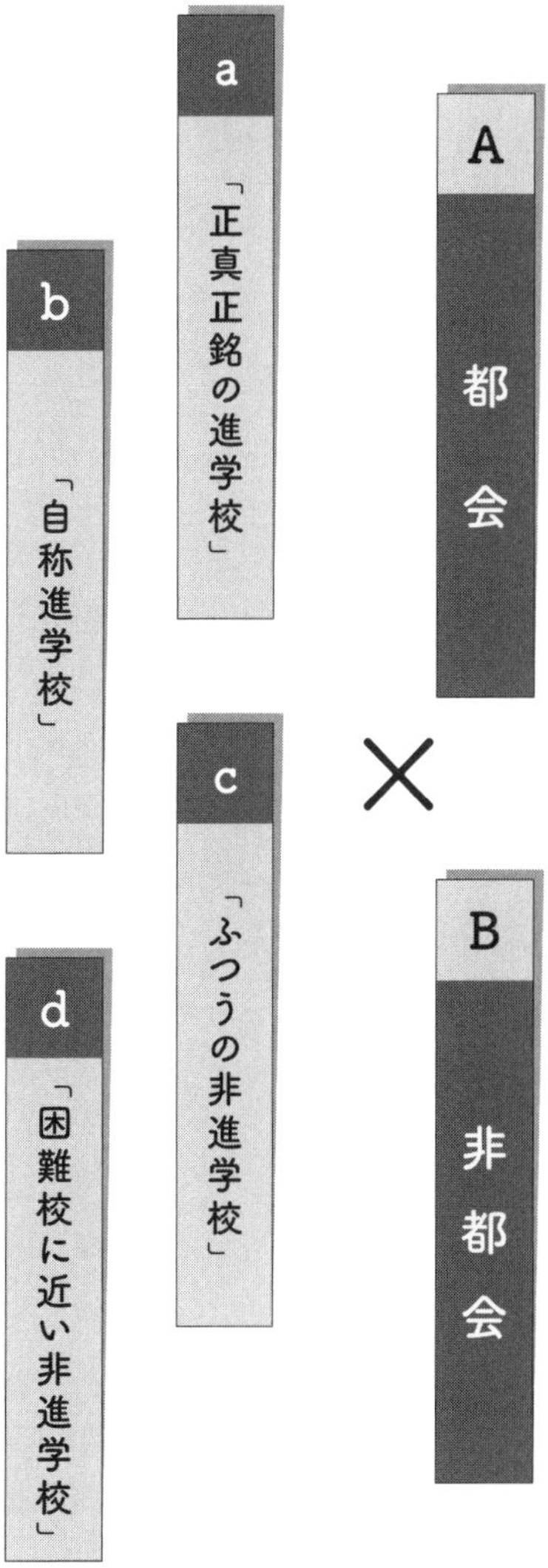

Ａ都会住みか、Ｂ非都会住みかの２通りがまずあって、通っている学校の特徴が４通りです。よって「２通りの居住地×４通りの勉強環境＝８類型」という計算式ができます。

これに、大学で学びたいことの有無や、性格の違いなどが絡《から》んであなたの受験生としてのパーソナリティはできあがるわけですから、この８類型にさらに掛け算をして、１００を超えるパターンを示すことも可能です。

しかし、そんなに多くのパターンを場合分けして本書で示しても意味はないので、まずは**この８通りの大まかな類型のうち、あなた自身がどういう状況にあるか、他人に説明できる**ようになっておきましょう。

その機会に、「大学で学びたいことの有無」や、「性格」なども同時に伝えて最適な助言を得られるようにしてください。そして、参考書を選ぶときや最終的な進路選択をするときなどにも思い出してください。

自分の性格を真剣に考えることによって、少しでも失敗しない戦略が立てられるということを覚えておきましょう。

第2章

勉強が苦手な人ほど「やってはいけない勉強法」を知っておけ

～確実に学力をつけるツボ～

○×

① 間違った勉強法

なんでも書いて覚えようとする

正しい勉強法

「なかなか覚えられないもの」を書く

「読んだり書いたりして、五感をフルに使って覚えなさい」と、言われたことはありませんか？　私もかつてそのようなアドバイスをされたことがあります。

ですが、あまりにも簡単なもの、たとえば「chance（機会）」という英単語を、何度も書く必要はあるのでしょうか？　「チャンスを活かせ」などと使うように、ふだんから馴染みがありますし、「『機会』という表現もできるのか」くらいでよさそうです。

一方、何度も書く意味がありそうな単語もあります。たとえば、「dictionary（辞書）」という単語を例に考えてみましょう。この単語は、カタカナだと「ディクショナリー」と表記できます。この単語のスペルと読み方は、習わず練習せずだとなかなか習得できません。最後から2番目の「r」を「l」と間違えそうですし、「tio」の部分を「ティオ」なども誤読してしまう人もいます。ですから、この単語ならば、読んで書いて「五感フル活用」を実践してみる価値はありそうですね。

このように言われると、「書いて覚える必要があるものと、そうでないものを見分けるにはどうしたらいいんだ?」との疑問を持たれるでしょう。ごもっともです。その解決策を以下で説明します。

まず、**読み方（発音）は第一優先で絶対に把握するようにしてください。**英単語、古文単語、漢字、歴史用語など、読み方がすぐにわからないものは多々あります。読み方がわからずに意味を覚えようと思っても覚えられません。声を出してもいい空間で、発音してみましょう。ただし、単なる推測の読み方で発音せず、必ず調べてくださいね。

次に、意味の部分です。この意味を覚える段階に入るとき、最初はその単語を書かなくてもいいです。前ページで「dictionary（辞書）」を書く価値ありと説明しましたが、人によっては、スペルも意味も眺めているだけで覚えてしまう人がいます。あなたがその一人かもしれません。

書かないと覚えられないという人もいますが、**ひとまず意味は眺めながら覚えるようにしてください。一つの単語を3回ずつ書いているあいだに、5つの単語を眺めることができます。この作業を何度か繰り返して、どうしても覚えられないなと思った単語だけ書いてみればいい**のです。

メリハリをつけるようにしましょう。書かないと覚えられないという思い込みから、「何度も書く」をすべての科目で実践している人を見かけることがあります。

「『いと』は『とても』」、「『いと』は『とても』」、「『いと』は『とても』」、「『をかし』は『趣がある』」、「『をかし』は『趣がある』」、「『をかし』は『趣がある』」……。

おそらくムダです。**眺めているだけでも単語は反復学習していけば意味はある程度覚えられますから、スピードと量のほうをより意識して、日をあけずに反復してください。**

クラスメイトの名前を、あなたはどうやって覚えたか、思い出してください。毎日会って、先生から朝出席をとられている姿を見ていくなかで覚えてしまいますよね。一方、もしも初対面で自己紹介をした間柄であっても、次に会うのが3カ月後であれば忘れてしまいます。

「眺める×スピード感×量×高頻度」を意識し、なかなか覚えられないものを書いて覚えてください。

○×

②

間違った勉強法

すべて自力で解こうとする

正しい勉強法

答えを見てから解く

解答解説は、自分で問題を解いて、答え合わせをする段階で初めて見るものであるとの感覚を持っている人、多いと思います。

もちろん、夏休みの宿題をサボっていて、9月になって解答を丸写しして、あたかも自力で解いて丸つけをしたかのように赤ペンで誤答を偽装する……。このような行為はたたしかによくありません。

しかし、学校の課題で出されたから解かなければいけないが、自力で解いてもまったく歯がたたないとか、ずいぶん前に勉強した内容なので思いだせないけどとにかく問題に触れてみたいなどと思うときもあります。

そんなとき、自力で解くということにこだわりすぎて、60分なり90分なり時間を計って解き、全然正解できなかった……となれば、自信を失い時間もムダにしてしまいます。


特に多いのが、問題集や模試の過去問を学校で複数配布され、「やってこい」と言われた。仕方がないから、まだそんなにできないにもかかわらず、それを全部90分ずつかけて解いて、やはりできなかったというパターンです。

問題文に直面して、ひたすらわからなさに打ちひしがれていた90分はどこにいってしまったのでしょう。ときにはそのように問題の難易度をリアルに体感することも大事ですが、模試5回分の過去問すべてでそれをやって意味があるとは思えません。**解答解説が配布されている、またはそれを所持しているならば、はじめから解答解説を読んでみてください。**

解くときのアプローチがわかりますし、国語や英語であれば、覚えておくべき語句リストが載っている場合もあります。それらを見ながら、「ああ。こうやって解くのか……」と感覚をつかんでいけばいいのです。そして**少し寝かせて問題文の内容を忘れた頃に、今度は自力で解いてみてください。**

「自力で解く」を原則とするのは、日頃の地道な基本事項のインプットが追いついてきたタイミングでもいいでしょう。春から勉強を始めたとしたら、少なくとも夏・秋くらいにさしかかっているはずです。60分以上かけて解くような問題演習を自力で解くのはその時期からでも遅くはありません。

ただし、基本テキストの単元ごとに数問記載されている、確認テスト的な練習問題くらいは自力でその都度解いてみてくださいね。

○×

③

間違った勉強法

『〇〇日でマスター』系の入門書で勉強

正しい勉強法

必要なことが十分に載っている参考書を使う

具体的にこの参考書であると名指しはしませんが、『〇〇日でマスター』系の入門書とは、薄くて（そこまで分厚くなくて）、いかにも手軽そうなもののたとえだと思ってください。

私もよく覚えているのですが、かつて受験勉強を始めようとして、書店の参考書コーナーに足を運び、初心者向けのものを探したところ、非常に分厚い参考書や、（上）（下）二巻で完結しているもの、(1)巻～(4)巻にわたるシリーズ系の参考書などがあって、面食らいました。

どれを選んでいいかわからず、右記のような雰囲気のタイトルがついた、とりあえずいかにも簡単に読み通せそうなものに手を出そうとしました。

これは気をつけていただきたいと思います。もちろん薄くて、手軽で、内容もまともで、初心者向けの参考書は存在します。

しかし、これはアウトプット用の参考書に多いのではないかと思います。インプット用すなわち、教科書がわりに初心者が教科の内容を理解していくための参考書で、手軽そうであるということは、「重要な内容をはしょっている」だけであると捉えられないでしょうか。

なかには数冊で完結するものが売られているのに、1冊で、しかも勉強が苦手な初心者もイヤにならないレイアウトで、文字と余白が大きいのに、その本で重要事項を説明しつくすことができるでしょうか。おそらく厳しいです。前後の重要な前提知識を省《はぶ》いているため、かえってわかりにくいということがあります。以下の文章で具体的に試してみましょう。

◆文例1 「彼は眼鏡をかけていて、身長は178cmで、体格が良く、趣味はスポーツ観戦と読書と映画鑑賞である。スポーツ観戦は野球と格闘技によく行く。野球は日本のプロ野球しか観戦したことはないが、できればアメリカのメジャーリーグを観戦し、大谷翔平選手のホームランやピッチングを直接見てみたいと考えている。そして、読書は政治・社会・歴史・哲学などのジャンルを好み、映画はアクションものを好む」

◆文例2　「彼は大柄で真面目そうな感じだ。スポーツと読書や映画が趣味だ」

さて、短く簡潔なものは文例2ですが、これから「彼」について知ろうというときに、どちらがストレスなく読めますか？　私だったら、圧倒的に文例1のほうですね。一見長いですが、特にややこしいことは書いていないですし、1回読むだけでなんとなく「彼」がどんな人物か想像できます。

一方、文例2は内容がありませんね。「彼」をよく知る友人に「あいつどんなヤツ？」と尋ねて、文例2の回答を得たならば、ストレスがたまりそうです。大柄ってなんだ？　190cmくらいあるのかな……。真面目そうって見た目のこと？　スポーツって何が好きなの？　実際にやるのか、それとも観戦が好きなだけ？　読書は小説が好きなのか？　など、やりとりが続いて時間もかかります。

もうおわかりですね。**初学者がこれからインプットを始めようというとき、文例1**

のような、必要事項をしっかり解説しているものを選んでください。実際に中身を書店で確認してみると失敗しづらいです。ちなみに、ドリル形式の英文法書は手軽ですが、だからといって初心者にはダメというわけではありません。

「手軽そうに見えても、あなたが理解できなければ意味がない」と言いたいのです。安易にそのような参考書に飛びつくと、落とし穴にはまることがあると覚えておきましょう。

○×

④

間違った勉強法

YouTubeで直前期に「必殺技」を探し求める

正しい勉強法

がんばってきた勉強法を信じきる

たとえば小学生が、足し算・引き算・掛け算・割り算・分数・小数の組み合わさった数式を解かなければならないとしましょう。すべてが頭に入っていないと正解できない問題を出題されたとします。

ある小学生Aは、足し算と引き算しかできないから正解することができません。そして、もう一人の小学生Bは、足し算・引き算・掛け算・割り算・分数までは学びましたが、小数の理解が曖昧だったため正解できませんでした。

この場合、小学生Bは、小数さえ学べば正解にたどり着けたわけで、あと一歩だったといえます。しかし、全然学習が進んでいない小学生Aと「不正解」という結果は同じです。

このように、**学習が着実に進んでも、それが結果になるのは、学んだことが頭のなかでつながったタイミングであり、偏差値UPは、そこまで待つ必要がある**ことがわかりますね。

ところが、これをみなさん待てないんです。特に入試本番が刻一刻と迫ってくる頃になると、「偏差値がなかなか上がりません」と相談に来て、アドバイスを真剣に聞いた感じを出しながらも、なにかもっと良い方法はないだろうかと、勝手に模索を始めます。

そして、YouTubeの出番です。出番といっても悪役登場のようなものであり、私のようなプロ指導者は、教え子がこういうことにならないように警戒しています。

まず、YouTubeで受験情報を発信している「勉強系ユーチューバー」の人たちのなかには、プロの指導者ではないという人が意外と多いです。私のいう「プロ」の定義は、日々リアルな場で受験生に指導し、特定の専門科目を持ち、教材作成や模試作成に携わっていて、受験指導で生計をたてている人です。

たしかに、大学生ユーチューバーがオススメの参考書を紹介している動画のなかには、妥当な内容もたくさんあります。大学生といっても塾講師のアルバイトをしている人もいますので、そういった学生のアドバイスはバカにできません。しかし、やはりおかしな内容も散見されるのが現状です。

プロを名乗っている者のなかにも、おかしなことを言っている人たちを見かけます。この人は本当に現実の生徒を指導しているのだろうか……。自分の受験経験だけに基づいて発言してそうだな……。この人、本当にこの参考書を読んでレビューしているのだろうか……。そのような疑いを持たざるをえない人の発信もあります。プロを名乗っているからこそ、こちらのほうはたちが悪いです。

そして、みなさんにとっては、この動画コンテンツの良し悪しの判断をすることは難しいと思われます。まず、みなさんは受験をこれから経験するわけですし、動画コンテンツの発信者はあなたのことを考えてオーダーメイドのアドバイスをしているわけではありません。

したがって、**受験勉強を始めたときにあなたをよく知る指導者がアドバイスしてくれたことや、日々積み重ねてきたことをしっかり深掘りしていくほうがよい**と思います。

目新しい情報に触れると、「そうだったのか！ もっと早く知りたかった！」と思ってしまうのですが、入試本番から逆算して、これまでしっかり勉強戦略を練ってきた受験生は、直前期に「浮気」しません。

受験勉強に手っ取り早い「必殺技」はありません。勉強方法を調べるつもりがそのままダラダラとYouTube視聴タイムに突入するのもよくないですし、直前期にYouTubeで「必殺技」を探し求めるのはやめましょう！

5

間違った勉強法

最初から完璧な理解を目指そうとする

正しい勉強法

反復学習で徐々に成績を上げていく

「単純提示効果」という現象があります。同じものに何度も接していると、それを好ましく感じる現象です。何度も同じ広告を繰り返し見ていると、その商品に親しみを覚えて試してみたくなることがありますよね。広告はその心理を利用しているということです。

私の読書経験で言うと、哲学の本は難解すぎて、はじめは何が言いたいのかさっぱりわからないものが多いです。頑張って読み進めても、わからない部分が多くて前後関係が気になり、だんだんストレスになり、読むのをやめてしまいがちです。哲学本は、多くの人が挫折しやすいジャンルです。

しかし、哲学のように必ずしも順に理解できないものは、はじめから理解しようと思わずに、とにかく全文を読みきるのが大事なようです。とにかく読んで、読んで、読み進めていくうちに少しずつ理解できてくるものなのです。

多くの「すごく勉強ができる人」に実際に尋ねてきましたが、はじめから完璧な理解を目指さずテキストを読む人がかなり多いです。私は、完璧に理解しながら少しずつ読んでいきたいタイプなので、「最初はとりあえず概要をつかめ」なんて言われると反発したくなる気持ちはよくわかるのですが、2回目、3回目と読んでいくうちに理解していくほうがやはり効率が良さそうです。

私は、成人してから趣味で法律学習を始めたのですが、思いきって最初から完璧な理解をするのをあきらめてみました。すると、最初はざっくりしかわからず、ストレスなのですが、とりあえず文字だけ追ってなるべく早く読み終え、すぐに2回目を読んでいくうちに、1回目で理解できなかったことが理解できるのを実感しました。それでも理解しづらい部分や、説明せよと言われたら厳しい部分はあります。ところが、3回目を読んでいくと、かなり内容がクリアになってきます。

大学受験の科目はどれも、一回だけ概説書《がいせつしょ》を読んだくらいですべて頭に入るほど甘くありません。教科書や講義系の参考書など、インプット用の概説書を2〜3回は読む必要があり、並行して問題集でアウトプットしていきます。

そうやっていくうちに**最終的に問題が解けるようになればいいので、1回目から完璧な理解をしようとしてなかなか次の単元を学習できない！　みたいなことはなるべく避けてください。**

6
間違った勉強法 アンダーライン引きまくり・付箋貼りまくり

正しい勉強法 何も考えずにどんどん読み進める

愛用の教科書や参考書の中身を見せてもらうと、あちこちにカラフルな蛍光ペンでマーカーを引いて、まるで塗り絵のようになっている人をよく見かけます。本当にとても多いのですが、これはやめてほしいです。

たとえば、すでに生物をある程度学校の授業で学んだ人が、さらに実力をつけたいと思って新たに読んだ参考書や本に重要なことが書いてあったならば、そこにラインを引くのはかまいません。

しかし、初めて学ぶ内容に関しては、重要かどうかの正確な見極めは難しいですし、仮に重要だったとしても、だれもが苦労せずにすぐに頭に入る内容かもしれません。そういう事項にラインを引いてテキストの工夫されたレイアウトをあえて読みづらく「編集」する必要はありません。

では、どのタイミングでラインを引けばいいのでしょうか。2回目、できれば3回目くらいにラインを引くとよいと思います。**複数回読んでいるにもかかわらず、なおも覚えづらい、あるいは、重要であると感じる内容は、マーカーを引く価値がある**と思います。

そして、ラインを引いたそのページに付箋《ふせん》を貼るといいです。100円ショップで売っているものでいいでしょう。あとは、「覚えるのに役立ちそうなゴロ合わせ」や、「理解を促《うなが》す便利な表」などが記載されているページに関しては1回目から付箋を貼ってもいいと思います。

いま述べてきたことは、文章を読んで勉強していくときの話ですが、単語帳を使って暗記していく時にはどのようにマーカーや付箋を活用したらいいのでしょうか。

結論を先に言うと、「なるべくマーカーをするな！ 付箋を貼るな！」となります。本書の他の箇所でも述べていますが、単語や語句は何度も単語帳での暗記作業を繰り返し、ときに書いたりしながら頭に叩きこんでいくべきものです。繰り返すなかで自然に覚えていくことをまず優先しましょう。

マーカーを引いたり、付箋を貼ったりするたびに勉強の流れがいったんストップしてしまい、リズムが悪くなります。付箋を1枚はがして、覚えたい単語が記載されている該当ページのしかるべき箇所にきれいに貼るだけで20秒の時間がかかりますからね。

ときどき単語帳の横側（ページをめくるときに触れる部分）からカラフルな付箋が200本くらい無数に飛び出している（しかもグチャグチャ）人がいますが、あれだとまるで「単語帳を使いづらくするためにわざわざ加工した」ようなものです。単語帳は何度も繰り返し、どうしても覚えられないものだけ、適宜《てきぎ》付箋を貼るというやり方にしてください。

○×

⑦

間違った勉強法

英語は音読！ 他の教科は黙読

正しい勉強法

古文・漢文・社会・理科も声に出していく

英語学習に音読が有益であるという話はよく聞くかと思います。私が受験生時代に受けていた映像授業の先生も、頻繁《ひんぱん》に言っていました。

では、音読することの効能はなんでしょうか？ 杏林《きょうりん》大学外国語学部教授の倉林先生は、以下のように述べています。

音読は、「文字」「音」「意味」をセットにして英語を覚えることができる活動のひとつです。繰り返し音読を行うことで、多くの英語表現が頭の中に「インテイク」されていきます。英語を聞いたり話したりする際に、インプットされている情報にアクセスし、それらを活用することで書かれている内容や発話された内容を理解することができるようになります。

『バッチリ身につく英語の学び方』（倉林秀男著、ちくまプリマー新書）

要するに、**音読をすると、さまざまな英語表現を文字・音・意味のセットで頭に蓄積《ちくせき》できるから、リスニングやスピーキングなど、「読む（リーディング）」以外の技能の向上にも役立つ**のだということです。

ただし、音読するわけですから、発音がわからず読んでも効果がありません。音声つきの教材ならそれを聴き、音声がなくて発音がわからない単語は発音記号を参照しながら正しい発音を調べてください。構文も一度しっかり把握する作業が必要ですし、意味がわからない単語は調べてください。そうやって**一度解釈《かいしゃく》したことのあるまとまった文章を利用するといい**でしょう。英語の音読を実践していない人は必ず実践してほしいと思います。

さて、英語の音読の話をしてまいりましたが、**音読は他の科目でもしたほうがいいと思います。特に勉強のコツとして「外国語を学ぶように勉強しなさい」と言われる古文や漢文も音読をおすすめします。**

私の尊敬する古文の予備校講師が以前講演会で語っていたことなのですが、きちんと理解していない人は、古文を実際に音読させてみると、文節の区切りと合わない読み方をするそうです。

イメージしやすくするため、次の現代的な文章を読んでみてください。

「かれはいけぼだけれどもぼくはそうじゃない」

いかがでしょうか。「彼はイケボだけれども、僕はそうじゃない」という意味に解釈してきちんと読めたのではありませんか？　でもこの文章を日本語学習の初心者である留学生などが読んだらどうなるでしょう。

「いけぼ」を「声がかっこいい」という意味のスラングであると知らないかもしれません。そうなると、「いけぼ」の直後にある「だけれども」というまとまりに気づかず、「だけ」が何かを限定するときの「だけ」であると解釈し、さて、「れども」とはなんだろうかと思い悩むかもしれません。また、文末の「そうじゃない」も、否定の意味以外に同意を求める用法がありますから、混乱する可能性があります。

古文・漢文、ときには歴史科目などでも同じことが起こります。『竹取物語』に、「えとどむまじければ」という表現があり、これは「とどめることができないので」と訳しますが、❶「え〜打消」は、「できない」と訳すことと、❷「まじ」が打消の意味がある助動詞であること、この2つの文法知識がない人は、違和感のある読み方をするんですね。

そういうわけで、自分が今なにをわかっていないかを発見する、あるいは先生に発見してもらう場合にも音読は意味があることなのです。英語ほど熱心にやらなくてもいいかもしれませんが、**国語系の科目や、理科・社会でも音読を取り入れてみてください。**

音読は英語学習の専売特許ではありません！

○×

8

間違った勉強法

英文法は「基礎固め」がいちばん！

正しい勉強法

長文を読む！　英文法も同時に！

ここは誤解なきよう、しっかり読んでほしいところです。はじめに言っておきますが、外国語学習において、文法はすべての基礎であり、絶対におろそかにすることはできません。

「通じればいいのだ」、「日本人は文法ばかりやっているからだめなんだ」とよく聞きますが、大学受験の英語は、道案内をする英語を身につけるための科目ではありませんし、BARで外国人と仲良くなってサッカー談義をできる人間を育成するために課している科目でもありません。

大学受験の英語は、みなさんが大学に入ったときに学術的な論文を英語で読み、自らがそのような論文を執筆できるようになるポテンシャルがあるかどうかを試すものです。そして、就職したのちに高度に英語を運用できる人材になってほしいという期待もあります。

もちろん、私を含めなかなかそのような崇高な目標を達成できない人がたくさんいるのですが、少なくともイイカゲンな崩れた文法を許容しているわけではありません。このことは、話す練習のときに「文法の間違いを恐れずに外国人に話しかけてみなさい」と言われるシチュエーションとは別次元の話です。

英語は日本語よりも語順によって意味が限定されてしまう言語ですから、語順は絶対に理解しなければいけません。さらに、どこまでが主語（S）で、どこまでが動詞（V）なのか、長文読解で瞬時に見極め、［ ］（ ）〈 〉などいくつかの種類のカッコを使いわけながら読解する必要がありますので、品詞の理解も必要です。したがって文法学習を通じてこれらの判断力を磨いていく必要があります。

ところが、最後の最後まで文法以外勉強しない人がいるんですね。原因はいくつかあって、教師や塾の先生に相談にいくと、「まずは文法だね」と言われ続け、その通りに勉強していったところ冬になったみたいなケースです。

アドバイスをした方の気持ちはよくわかるのですが、いつ相談をしてもそのようなアドバイスばかりされたならば、ずいぶんとテキトーなアドバイスだと言えなくもありません。

あるいは、受験生自身が勝手に「まだ文法が完璧じゃないから長文はできない」と判断して長文読解を避け続けている場合もあります。

みなさんは、**最終ゴールは長文読解だということを忘れないでほしいです。秋頃には絶対に文章の読解に触れないと間に合いません。**そして、文法はそう簡単に「完璧」になることはありません。

しかるべき時期がきたら、長文に少しずつ慣れていくべきですし、そのときに文法が不安ならば同時並行で文法もカバーしなくてはいけません。余裕がなくなります。だからこそ、なるべく早く単語・熟語・文法の習得が推奨《すいしょう》されるわけです。

とにかく、今の大学受験では、英語ができなければ著《いちじる》しく不利です。ほぼすべての大学で長文読解が出題されます。

初期の段階で「読解しながら効率よく文法学習を！」というやり方は邪道ですが、一方で、受験生期間の最後の最後までほぼ文法学習ばかりやるのも結局失敗します。

場合によっては**読解の訓練をしながら文法事項をマスターするというやり方もある**ことを知っておきましょう。

9

間違った勉強法
演習問題を次々に解いていく

正しい勉強法
「これだ！」と思った一冊を何度も解く

「演習が足らない」という言葉、よく聞きませんか？　勉強はインプットよりもアウトプットを中心に行うべきですから、たしかに演習（アウトプット）が足らないのはよくないことです。

ところが、この演習というものの捉え方に気をつけてほしいです。まず、演習には2通りあることを知ってください。一つ目は初めて見る問題を解く演習です。こちらはふつうイメージされやすい演習ですよね。それに加え、二つ目の意味の演習について考えたことがあるでしょうか？

ズバリ、解いたことのある問題を解く演習です。復習の要素が強い演習ですね。そして実は、こちらの第二の演習がとても重要なのです。

問題集であれ、模試であれ、どんなものも「初めて解く」という段階がありますよね。

初めて見る問題は目新しく、いったいどのくらい正解できるんだろうかとワクワクするものです。入試では初見の問題を解くわけですし、初見の問題を解く演習もたしかに大事です。初めて見る単語を前後の文脈から予想したり、初めて見る出題方式に出くわしてもあわてず落ち着いて解いたりする訓練になりますから。

それに対して、第二の意味の演習には、ふだんイメージする第一の演習とは異なる効果・目的が存在します。具体的には、**日々蓄積されていく「解いたことのある問題」を復習として再度解くことで、解答に至るプロセスを思い出せるか、前回解いた時より少しでも正解数が増えているか、などをチェックすることができます。**

「答えを覚えてしまっているかもしれませんが、意味あるんですか？」との質問をもらうことがありますが、問題ないです。一定の期間を空けて解けば解答番号自体は忘れていますし、多少覚えていたとしても、前述のように、解答に至るプロセスを思い出せるかにウエイトを置いて解けばいいのです。

「その解答に至るプロセスまで覚えてしまったんです……」と言えるくらい、復習してほしいものです。シンプルに1冊のしっかりとした問題集を何度も使いこみ、一度解いた模試や過去問を何度も復習することで、私のいう「第二の演習」は可能です。

そうやって科目ごとに軸をつくってください。「この問題集、この模試、この過去問にない知識が問われたらどうなるかわからないが、この問題集、この模試、この過去問で問われた知識ならば大丈夫だ」と言える軸をつくるのです。

問題集や模試は、その科目の専門的な知識を持っている人が執筆・作問し、「これをやりこんだら必要事項・知識が網羅できる」という段階まで複数人で議論しながら編集します。ですから、「問題量の不足」を心配する必要はありません。

「何周すればいいですか？」という質問もよくもらいますが、ケースバイケースです。目安として一例を挙げると、**基礎から最難関大学対策までカバーしていると謳《うた》う比較的分厚い問題集であれば、最低3～4周くらいはしなければならない**と思って間違いないです。

ただし、1周目と3周目で推奨される取り組み方が異なる場合がありますので、そこは問題集の「はじめに」や「この本の使い方」で記載されている問題集の著者自身が教える取り組み方を試してみてください。

1冊の問題集を繰り返し解くことの重要性はご理解いただけたかと思いますが、初めて見る問題はどんどん解かなくていいのか？　との疑問を持つ人がいるかもしれません。

これについては模試は1年を通して続きますし、学校や予備校に行っている人はイヤでも「これを解いてみろ」と目新しい問題を渡されます。入試直前期に多く解くことになる大学の過去問にも目新しい問題があります。心配しなくても目新しい問題は不足しません。不足するのはいつも、誰でも、「解いたことのある問題」の復習の深さです。肝《きも》に銘《めい》じてください。

⑩
間違った勉強法 教科書に言われるがままに歴史を覚えていく

正しい勉強法 歴史は教科書無視のテーマで一気に学習する

たとえば世界史は、さまざまな国の歴史を時代順に学習します。世界史教科書を眺めてみると、時代ごとに順番に記述しているため、突然ある地域の話から別の地域の話に話題が転換し、しかも時代が何百年もさかのぼっていることがあります。

初学者にとっては「あれ……。この皇帝の続きはどこ？」などと、戸惑《とまど》いますね。私もそうでした。たとえば中国史なんかは一気に解説してくれたらいいのに、あちこちに記述が飛んでいて非常に困りました。

そこでみなさんは、**教科書の記述順はそこまで気にすることなく勉強してほしい**です。教わっている先生が教科書の目次の順番に忠実に授業をされるならば仕方がありませんが、世界史ならば各国史を、日本史ならば政治史を一気に、といったやり方でご自身で予習してもいいと思います。そのような学習がしやすい教材が市販されています。

まず、そういった勉強の手順があることを知ってほしいです。さらに、似たようなことは他の科目についても言えます。数学、生物、化学、地理、政経など、各教科の指導者が、「あーこれはあの話をしたあとに教えてもいいかな……」と、悩んでいるのを目撃するのは日常茶飯事です。

つまり教科書の目次順というのは、仮に守らなくても大したことはないのです。ですから、効率よく学ぶために合理的な順番はなんなのか、よく知っている身近な先生に尋ねて確認してみてください。決して自己流でなんでも通してはいけませんよ！

教科書通りの順番で勉強することは、内容を理解するうえで必須ではないと説明してきましたが、弊害《へいがい》はもう一つあります。

特に学校は、授業担当者の異なるクラス間で定期テストの出題範囲を確定させる必要もあることから、授業の進め方が教科書の目次順になることが多いです。

しかし、これだと教科書の最後のほうの記述内容を授業で終えるのは高3の冬間近、あるいはプリントが配られ、「これ見といて」だけの対応となりがちです。

高3の12月になって、学校で習っていない範囲を自学するというのは現実的ではないです。そこで早めにあなたが高3の秋以降に授業を受けることになりそうな単元について調べておけば、ヤバイと思ったら先取り学習をして備えることができます。当然、教科書の記載順の学習とはなりません。

以上、教科書の目次順に学習することから自由になることは、邪道なんかではなく、メリットもあるというお話でした。

第3章

難関大学に合格する「学力爆上げ」の方法

〜〝心がまえ〟から〝授業〟〝テスト〟の活用法まで〜

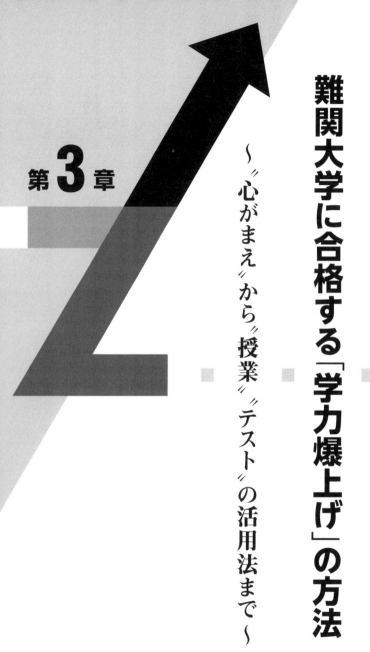

〈準備・実践編〉

① 志望校の狙いを定めてモチベーションUP

ときどき、大学の知名度のみで進学先を決定してしまう人を見かけます。たしかに、大学の知名度が高ければ高いほど、歴史と伝統があり、社会的評価も高いという実態はありますが、当然ながら、**知名度が低くても、世間での評価が高い大学はたくさん存在します。**

たとえば埼玉県越谷市にある文教大学をご存じでしょうか。教員になる学生が多く、ここの学生の平均的な学力は高いです。教職を目指す人にはお薦めの大学です。

しかし、この大学の知名度は全国的に高いとは言えません。少なくとも、福岡県育ちの私は地元でありこの大学の名前を聞いたことはありませんでした。東京出身で教職を目指す高校生に聞いても、「知りません」と答える生徒が意外に多いです。

もう一例挙げると、私の地元には九州歯科大学や、九州工業大学という国公立大学があるのですが、これらの大学の学生は「とても優秀」であるにもかかわらず、関東で周りに尋ねてもあまり知っている人はいません。関東人にとって、福岡県の国公立大学といえば旧帝国大学のひとつである九州大学くらいしかイメージがないようです。

私の母校である早稲田大学は、入試の難易度だと、「東大のつぎ」などと評される一橋大学、東京工業大学などの「超難関国立大学」にも、知名度は劣っていません。

以前台湾を旅したときに、日本に留学経験のある台湾人との会話で、日本の大学の話題になったのですが、「東大と早稲田は知っている。慶應はみんな知らない」と言っていました。

「早慶」（慶應生は「慶早」と表現する）という言葉があるように、言うまでもなく慶應は早稲田とならび日本最上位層の名門私立大学ですが、中華圏では早稲田の知名度のほうが高いようです。

このように、**大学の知名度はそこまでアテにならないという事実を確認してほし**

いと思います。「あの大学のあの部活に入りたいから、あの大学に入れるなら学部はどこでもいい」という進路選択も悪いわけではありませんが、過度に知名度を気にしないようにしましょう。

大学生活は4年間続きますので、知名度だけ重視して、やりたくもない勉強を続けるのは苦痛です。また、親が大学の知名度を気にして「そんなところに行って就職はどうするのか」と言ってくることもあるでしょうが、昔評価が高かった大学がいつまでも評価されるとは限りません。

他にも、あなたの学びたい特定の分野で最高峰の業績を生み出している教授が知名度の低い大学に在籍していることがあります。

さらに、あなたの就《つ》きたい特定の職業があるとしましょう。知名度が低くてはじめは興味を持てなかった大学なのに、そこの大学からあなたが目指す憧れの職業・業界へたくさん採用されているということがありえます。

大学選びを失敗しないためにも積極的にオープンキャンパスに参加しましょう。

オープンキャンパスでは、大学が主催して、大学内のさまざまなことを受験生に紹介してくれます。

百聞《ひゃくぶん》は一見《いっけん》に如《し》かずで、実際に電車に乗り、ターミナル駅（新宿駅・横浜駅・名古屋駅・大阪駅などを想像してください）からの距離感を確かめたり、キャンパス内を見て体験授業を受けたりすると、より進路選択の参考になります。

上智大学を例に紹介してみましょう。最寄り駅は「四ツ谷駅」ですが、これは地方の人にとってあまりイメージがわかないはずです。大学近くの「しんみち通り」という通りや、「コモレ四谷」というビルには飲食店がたくさんあります。決して不便なまちではありません。

派手さはありませんので、もしかすると、「楽しいキャンパスライフ」というのはあまり想像できないかもしれません。

ところが、四ツ谷駅は、ＪＲや地下鉄の東京メトロが通っており、新宿、秋葉原、後楽園（東京ドームの最寄り）など、東京のあちこちに出かけやすいところなのです。これは、現地に実際に足を運ばなければ体感できないでしょう。

上智大学は、日本史で登場する、あのフランシスコ・ザビエルが所属したイエズス会が建てた大学で、大学横には聖イグナチオ教会があります。こぢんまりしていながら、国際的な雰囲気があり、なんとなく上品さがただよっています。

オープンキャンパスでは、このようなことも含めて多角的に観察してください。まさに「家を出て、家に帰るまでがオープンキャンパス！」なのです。

ただし、もう一つお願いがあります。家から志望の大学までそう遠くない人は、**オープンキャンパスが開催されていない日にも一度大学を見に行ってほしい**です。関係者以外一切立ち入りができないとする大学もありますので、その場合はそこの学生がたくさん立ち寄る周辺のカフェなどの飲食店に立ち寄ってみてください。

先輩たちの様子を垣間見《かいまみ》ることができます。オープンキャンパスの日というのはある意味大学側も仮面をかぶった状態ですから、よりリアルな志望大学の姿を知るのに役立つかもしれません。

もしこの大学に受かったら、このお店でランチしたいなあ……と、想像するだけでも受験に対するモチベーションの向上・維持につながるかもしれないのです。

ぜひ実践してみてください。

②

学部は大事か

「国際系に行きたいです。だから大学名に国際ってつくところに行きたいです！」、「公務員になりたいので法学部に行きます！」などと語る受験生をよく見かけます。

理解はできますが、私は、異常に学部名にこだわりを見せる生徒に対しては、考え直すように説得を試みています。

特に国際系を志望している生徒に多いのですが、第1志望から第5志望くらいまで書いてもらうと、すべて異なる大学の名前が記入されていることがあるのです。

おそらく、「将来的に国際的な活躍をしたいから、国際関係について学びたい。だから、国際とつく学部に入るのが優先事項で、大学名は関係ない」との判断でしょう。

これは、得策ではありません。まず、**いろいろな大学を1学部ずつ受けるというやり方が、入試対策として非常に大変である**ということです。大学によって入試科目、受験方式、出題形式、問題のクセが違うからだというのは納得いただけるでしょう。

もう一つ、こちらがより重要なのですが、国際政治や国際経済、外国語など、国際関係に関する学問を学ぶにあたり、「国際」と冠した学部を選択するのは、必須ではないからです。

仮に文学部で日本文学を専攻していても、国際交流のサークルに入り、観光客の多い町でアルバイトをすれば、日本文学に興味のある留学生と授業で友達になり、外国人を接客し、まるで「国際」とつく学部の学生と同じような生活を送ることになります。

たとえば、早稲田大学には国際教養学部があり、明治大学には国際日本学部がありますが、どちらの大学も、そもそも東京の中心部に近いところに位置しているため、どこの学部であったとしても、心がけ次第でいくらでも「国際関係」を学ぶことができます。

大学にはたいてい学部に関係なく履修できる科目が用意されていますし、留学生と語学を教えあうような活動を支援してくれる場所も存在します。ですから私の後輩のなかにも、商学部なのにほぼ中国語しか勉強せず、中国に留学し、問題なく商学部を卒業した人もいました。

「公務員になりたいので法学部」も同じことです。公務員試験科目には、たしかに法律科目が多いですが、経済学や、算数のような問題も出題されますし、「法学部卒業」はまったく必須ではありません。

弁護士になりたいのならば、さすがに法学部のほうがいいとは思いますが、それも実は必須ではありません。公務員試験や資格試験というのは、それ専門の予備校に頼る人が多いのが実態ですから、学部がどこかは直接関係ないのです。

「学びたいこと」からあまりにも大きく外れる学部を受験する必要はありませんが、外国について学びたいから「国際」とつく学部しか行かないぞ！　との考えを持っている人は、いったん先入観を捨ててよく考えてみてください。

③

今の偏差値は大事か

あなたが模試を受け、成績表が返ってきました。そこに記載された**偏差値が意味を持つのは、ある程度受験勉強が進んだ段階からです。**

偏差値は、正しく使えば自身の進路選択にも、指導者による進路指導にも有益なのですが、誤った読み取り方をすれば悪魔の数値と言っても過言ではないでしょう。

偏差値の読み取り方が適切になされなかったために、これまで数えきれない人たちがもったいない選択をしてきたはずです。

私も受験指導をしていますから、毎年多くの高校生に「先生！　偏差値がいまギリ50いってないくらいで、49なんですけど受かるでしょうか？」などの相談を受けます。

もし、この質問が5月頃になされた場合、私の答えは、「何とも言えない。今はとにかくその偏差値は気にするな」となります。正直、全力で解いたにもかかわらず、国語も数学も英語も共通テスト型模試で偏差値50前後ならばその年度に東京大学に受からないことはほぼ間違いないのですが、これは極端な例です。

実際はもう少し微妙な、回答に困るラインで質問されることが多いです。回答に困る理由は、本当に何とも言えないからです。偏差値は、順調に右肩上がりで伸びるものではなく、学習が進んでいき、一定のまとまりある単元を理解したタイミングで、階段の踊り場のような線を描いていたグラフが突然跳ねるように伸びるのです。

平均だと偏差値は50で、上位30％に入れば偏差値が55となり、上位15％程度で偏差値が60となります。同じ模試を受けた人よりも多く得点すれば偏差値が高くでるわけですが、同じ模試を受けたライバルは、あなたと同じ環境にいる人たちではありません。

模試の公表された範囲のみ勉強しているけれども他の部分はノータッチな人、偶然得意な単元が模試で出題されただけの人、すごく実力があるけれども模試を重視していないため模試対策を何もしていなくて低めの点をとった人……。

このように、さまざまな可能性が考えられます。まだ出願時期から遠いのに、模試の偏差値で一喜一憂しないでください。勉強を続けていれば必ず偏差値推移のグラフが跳ねる瞬間があります。努力量が多いと大きく跳ね、イマイチだと小さく跳ねるという違いがあるだけです。

とはいえ、自分はまったく偏差値が伸びなくて不安だと感じる人がいるかもしれません。ものすごく努力して、勉強量が多いのに、何回模試を受けてもいっこうに結果につながらないという人がまれにいます。

そういう人は、中学生の学習内容をまったく理解していないのに、大学受験の基礎から勉強を始めたパターンが多いです。謙虚に大学受験の一番基礎のレベルから参考書、問題集を選択したつもりが、実はもう一段下の中学生の内容から始めるべきだったというわけです。

猛勉強をして高校受験をしたことのある大学受験生でさえ高1レベルまでさかのぼる必

要があるのですから、もともとそこまで勉強を熱心にしていなかった人は中学生の内容までさかのぼって学習してください。大変かもしれませんが、「急がば回れ」です。

泥のぬかるみに建てた建築物よりも、安定した地盤に建てた建築物は倒壊しません。徐々に成績は伸びていきます。

まだ受験本番まで一定の期間がある人は、今の偏差値を過剰に気にするのではなく、さかのぼるべき地点まできちんとさかのぼって勉強できているかどうか、そちらを気にするようにしましょう。 そうすれば偏差値上昇カーブを遅かれ早かれ経験できます！

④ そもそも何から始めればいい？

「中学校の学習範囲があまり身についていないのに、高校生の内容から学習を始めてはならない」という内容をすでに説明しましたが、ここでは意識面や、環境面について述べたいと思います。

まず、**実践してほしいことは、「勉強するときにスマホを手元に置かない」ということ**です。

スウェーデンの研究者アンデシュ・ハンセンの『スマホ脳』（新潮新書）によれば、仮にサイレントモード、つまりなんらかのメッセージの受信音をOFFにしていたとしても、スマホを手元に持っているだけで集中力を奪う効果があるようです。

また、ある本を読むときに、完全に集中して読む場合と、途中でメッセージを返信する場合とを比較すると、後者はより内容を覚えていないばかりでなく、返信に費やした時間以上に、集中力を回復させるための「切替時間」を要するとのことです。

さらに、脳の前頭葉は、衝動に歯止めをかけ、報酬を先延ばしにすることができるそうですが、25～30歳まで完全に発達しないということもわかっているようです。

読者のなかには、「時にはリフレッシュも大事」と聞くと、納得する人もいるかと思います。私もかつて受験生の頃に「ボウリングに行こうよ」と誘われたことがあります。断ると、「メリハリが大事だから、時にはリフレッシュも大事」と説得されました。結局行かなかったのですが、今でも正解だったと思っています。

なぜなら、本当に「ときどき」リフレッシュするならばいいのですが、だんだん「ときどき」から「しょっちゅう」になってしまうものだからです。

そもそも、メリハリをつけて学習できる人ならば、すでに学力が高いのではありませんか？　今はさっぱりだけど、これから頑張るぞという人はわざわざ「リフレッシュ」と称して週一とか月一で出かけるというようなルーティーンは控えるようにしましょう。

学校や、予備校、塾の授業の合間に毎回コンビニに行ったり、ラウンジのようなところで友人とおしゃべりしたりすることもやめましょう。少し厳しいことを言いましたが、ここの心の準備ははじめにしっかりしてもらいたいところです。

⑤ やる気ってどうやって出すの？

知っている人も多いかもしれませんが、**やる気を出す一番の方法は、とりあえず椅子に座り、机に勉強道具を広げ、まさに勉強する態勢をとること**です。心のなかで念じたり、ハチマキを頭に巻いたりするよりも、とりあえず机に向かって態勢を整えるのが近道なのです。

学校で合唱祭や体育祭などのイベントを行うにあたり、なんだかやる気がでないなと感じることはありませんでしたか？　そして、そんなときでも、いざ歌っていくうちに、競技の練習をしているうちに、少し気合が入ってくるという経験はないでしょうか？　それと似たようなものだと思ってください。

さて、今回は、この「やる気」とはいったい何なのか、筑波大学の心理学者、外山先生の本、『勉強する気はなぜ起こらないのか』（外山美樹著、ちくまプリマー新書）の内容を手掛かりに考えてみましょう。「やる気」とは、心理学の学術用語では「動機づけ」と言います。たとえば、掃除機に「やる気」はありません。掃除機は電気の力で外部から動かされているだけで、内側から動いているわけではありません。

一方、人間の内部には、ある行動を引き起こして、その行動を持続させ、結果として一定の方向に導く心理の働きが生じうるのです。これを私たちは、「やる気」と表現しています。

「やる気」には大きくわけて「内からのやる気」と、「外からのやる気」がありま

す。前者は、「面白くて楽しいから」、「新しいことを知りたいから」などの理由で湧き上がるものです。

後者の「外からのやる気」はさらに細かい分類が可能です。❶「自己実現のためのやる気」、❷「目標（を達成したいこと）によるやる気」、❸「プライドによるやる気」、❹「典型的な外からのやる気」です。❶から❹に向かうにつれて、自律性（自己決定性）が低くなっていきます。

「やる気」にはさまざまなタイプがあることがわかったと思いますが、当然ながら「内からのやる気」が勉強にとっては一番良いです。

ですから、みなさんはまず「内からのやる気」がみなぎるのが理想だと言えるでしょう。受験科目の勉強が心から面白いと思える状況になればとても強いです。科目の面白いところを探してほしいです。好きこそものの上手なれ！　というやつですね。

しかし、「内からのやる気」というのはそう簡単に湧き上がってきません。ですから、「外からのやる気」も重要です。「外からのやる気」を自身のなかで湧き上がらせるように意識しましょう。前述のように、「外からのやる気」にはバリエーションがあります。

❶は、「自分の能力を高めたいから」、❷は、「良い大学に入りたいから」、❸は、「勉強

できないと恥ずかしいから」、❹は、「先生や親に叱られるから／褒められるから」などをそれぞれ理由としています。

このうち、❶「自己実現のためのやる気」と、❷「目標によるやる気」あたりのやる気が、自律性が高く、自分自身に行動を起こさせ、それが持続しやすい望ましいやる気となります。

ですから、親や先生に怒られるとか、恥ずかしいからなどの理由で勉強しようとするのではなく、大学受験を成功させることでこんな将来を実現するぞとか、自分の夢のためにここの大学に入るのが必要なんだ！ などの意識を持って勉強しましょう。

大学生活をイメージしたり、志望する大学の情報を積極的に調べたりしてください。それが勉強意欲を受験生活の最後まで継続させるコツなのです。

⑥

誰のアドバイスが正しいのか

ここでは友人や合格者の先輩にアドバイスを求めることの危うさを、指摘しておきましょう。

まず、友人や先輩は、「プロではない」ということです。あなたの周りにいる勉強が得意な友人は、おそらく有益な情報をたくさん持っているでしょう。合理的な勉強の仕方を知っていて、教師顔負けの素晴らしいメソッドを提供してくれるかもしれません。

部活で仲良くしていた1つ年上の、受験を成功させたばかりの先輩は、あまりにもリアルな受験体験を語ってくれて、まさにお手本のように思えることもあるでしょう。

ところが、**あなたの友人や先輩は、仕事として毎年多くの生徒を指導してきたわけではないですし、毎年多くの生徒からの相談を受け続けてきたわけではありません。**

私は以前、「コンサル系」と呼ばれる、企業から業績改善の相談を受ける業務を主とする会社へ就職した友人に「コンサルティング会社って、なぜ求められるの?」と尋ねたことがあります。

すると、「多くの会社の相談を受けてきたコンサル系会社なら、『この課題があるときはこういう解決策がありますよ』と言えるし、実績が蓄積されているから求められるんだよ」と説明を受けました。

学校の教員や、塾・予備校の講師も同じで、仕事として受験生の相談に乗ってきた経験があるため、多くの事例の蓄積があるのです。このタイプの生徒はたしかこの時期こんな勉強をしていたはずだ、という記憶があるわけです。それを、プロとしての責任を背負ってあなたに紹介するわけですね。

たしかに、あなたの周りの優秀な友人や先輩のアドバイスのほうが、あなたにとって有益な情報を提供できる場合もありますが、これは仕事として行われることではないと理解してください。

参考書はどれを使うべきか？　のような質問は、特にアテになりません。ふつう、あなたの周りの友人や先輩は特定科目の市販参考書をすべてチェックしているわけではありません。

同級生や先輩が、本当に良い参考書を「ぜひこれを使ってくれ」と薦めてくれる可能性もありますが、専門的に教科に触れてきた人間からすると、「もっと良いものがあるのになあ」と感じるものを、薦めてくる場合もあるのです。自分が取り組んだ範囲内でしか薦められないため、プロの指導者よりも選択肢の幅が狭いのは当然です。

もう一つ気をつけたいのは、学校でよく開催される、合格者（先輩）による入試体験談を報告する懇談会みたいなイベントです。

こういう受験報告会のような催《もよお》しには、一般的に、教師から見て受験で大成功をした教え子が呼ばれていることが多いです。つまり模範的な生徒に白羽の矢が立つのです。私のように、ときに教師の指導に反発していたような生徒はあまり呼ばれません。

これを読んでわかったと思いますが、読者のあなたと、受験報告会でマイクを握る先輩はぜんぜん違う高校生活を送っていた可能性があります。

また、質疑応答でも、先輩の立場的に、なかなか本音で答えることができません。たいてい、教員や職員が見守っていますからね。

後輩から「私は先輩と同じ○○大学を目指しています。でも、現在まだ成績が届かなくて……。私でも受かりますか？」と、相談（質問）されたときに、ついつい「きっと受か

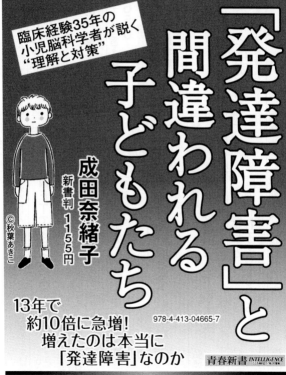

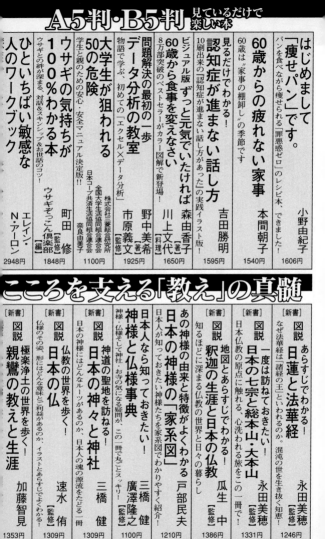

りますよ。ぜんぜんダメダメな僕が受かったので」なんてリップサービスで答えてしまうんですね。

人によりますが、指導者でもないのに、「受験はそんなに甘くないよ！」「君は今のままじゃ受からない！」なんてなかなか言えません。参加する場合は、そういった背景も頭に入れながら合格者の報告会を聞いてください。

実は先日（2023年3月）、私の教え子（慶應文学部合格）が、高校の先生からの依頼により、卒業前の受験報告会で下級生にスピーチをする機会を持ったそうです。どんな話を後輩にしてあげたのか？　と、私はその教え子に尋ねました。

すると、「いやぁ……。なんかみんなの前で話すの苦手だったから、問題集がんばりましたとか、早稲田の会場は緊張したとか、適当にエピソードを……」と答えたのです。何度も弱音を吐いて、私に叱咤激励《しったげきれい》されながらあの手この手で勉強を継続してきた試行錯誤のプロセスは、一切話さなかったとのことでした。

したがって、あまり真に受けてはいけないのです。ただし、すべてがムダということではなく、どうやって直前期を過ごしたか、苦しい時期をどう乗り越えたか、などは参考になると思うので、有意義な話が聞けたらぜひ吸収してください。

⑦

高校での選択科目の選び方

社会や理科などの選択科目を決めるときに、ある程度自由に選択する余地があるならば、なるべく自分の興味関心が持てるものを選ぶべきです。なぜなら、その選んだ科目が、事実上、そのまま大学受験で使う科目となるからです。高校で日本史の授業を受けてきたのに、大学受験だけ世界史を選択するという人は、ときどきいますが、少数派です。

やはり、聞き覚えのある語句が多いほうが勉強しやすいですからね。それゆえ、選択科目は慎重に決定する必要があります。

周りの人に手当たり次第意見を聞きまくって選択しようとする人がときどきいますが、それだけでなく、教科書や参考書の1章分（数十ページ分）を読み比べて判断してほしいです。他人の意見を鵜呑《うの》みにするよりも、まずは、自分でそれぞれの科目に触れてみるのです。

それから、**覚える要素が強い科目なのか、それとも、論理をより重視する科目な**

のか、その特徴を考慮しましょう。

社会科であれば、覚えるべき事項が多い順は、「世界史→日本史→地理→政治経済」となります。倫理や公共は、ここでは除外して説明しています。

いわゆる文系で大学受験をする場合、世界史、日本史、地理、政治経済から学習する科目を選ぶことが多いと思いますが、前述のように、この列挙した科目の順番が、社会科のなかで覚えるべき事項が多い科目順と一致します。

こう説明すると、できるだけ覚えたくないから政経を選ぼうという発想をする人がいると思いますが、これは「難易度順」でないことに注意してください。

日本史のほうが世界史よりも漢字が多くでてきますし、日本で生まれ育った人にとって「もともと知っているであろうこと」が学習範囲に含まれているため、世界史よりも覚える事項が少ないとしているだけで、問題の難易度が世界史よりも簡単とは限りません。世界史は広く浅く、日本史は狭く深く出題されるイメージです。

地理は覚える量自体は世界史や日本史よりも若干少ないですが、計算問題やグラフを読み取って解釈する問題が出題されます。それなりに覚える量もあり、暗記が要らないわけではありません。理科の「地学」で学ぶような内容も登場するため、「なぜその地形は形成されたのか？」と、常に論理的に理解することが求められ、あなどれません。

政治経済は、他科目に比べて覚える量はそこまでありませんが、政治分野はとにかく堅苦しく、経済分野ではグラフや計算問題が出てきて苦手な人はかなりイヤがります。もちろん今の社会問題を一番多く扱っているため、面白いと感じる人もいます。

私はどの科目も大好きなのですが、好みは人によるため、あなたの今の学習環境と相談しながら選択科目を決定してください。

ちなみに、**地理や政治経済は、世界史や日本史に比べて受験科目として選択できない大学がそれなりに存在しますので、注意してください。**

学校の先生から、「国際系の大学に行きたいの？　だったら世界史にしなさい」と言われ、ほぼ強制されてしまうこともあるようですが、日本史の教養がかえって国際的な人間関係を形成するときに武器になるかもしれないという考え方もできます。

一方で、大学に入ってから学問に触れたときに、世界史の知識が皆無だと多少厳しい場面もあり、「国際系といえば世界史」と言いたくなる気持ちもわかります。

繰り返しになりますが、選択の余地があるならば、自分の興味関心をなるべく優先しながら選択しましょう。

理科系に関しては、生物や地学が、物理や化学に比べると、覚える要素が強いです。ただし、当然ですが生物や地学も単なる丸暗記科目ではありませんし、逆に物理や化学に暗記が不要というわけでもありません。

あなたにとって最善の科目はなんなのか、しっかり考えてほしいと思います。最後に、地学は学校の授業で設定されていないこともありますから気をつけてください。

⑧「私立は3科目」は本当か

「私立は3科目」って、よく聞きませんか？　間違ってはいません。たしかに、大学から課されている入試に必要な科目は合計3科目であることが多いです。

「私立は3科目だからラクだ」という文脈での使用を個人的によく聞きます。では、本当にそうでしょうか？

正直言って、これは間違いであると思います。特に、難関私大受験の場合、「3科目」というには無理があります。

あなたが、早稲田か慶應に行きたくて、もしだめだったら明治か立教に行きたいと考えていると仮定しましょう。

受験勉強をしなければいけないのは、英語、国語、社会の3科目が中心となりますが、慶應の小論文はどうなるのでしょうか。これを国語の一部と捉えるにせよ、別科目と捉えるにせよ、この時点で「3科目」と言うには違和感があります。

自分は慶應を受けないから関係ないという場合でも、早稲田や明治で出題される英語や現代文のテーマは学術的な文章ばかりです。ブライアンとナンシーがハンバーガーを食べながら、来週のピクニックの予定を立てる話で終わるわけではありません。

人工知能（AI）、SDGs、感染症、人権問題、紛争、生命倫理、差別問題など、多岐にわたるテーマが出題されます。

まるで1科目余計に勉強しなければいけないほどの量の知識を得ている必要があります。「そんなことは自然と英文を読みながら身につければいいんだ。俺は特別なことはしなかった」と主張してくる指導者もいるのですが、その人はもともと勉強ができる人です。学校の授業をきちんと聞いていたり、読書がもともと好きだったりする人です。

そうでないならば、1科目分余計に勉強するくらいのエネルギーを費やしてでも、知識をつける必要があります。私はこれを、隠れた科目「教養」と呼んでいます。**私大の入試は、英語・国語・社会の3科目だったとしても、実際は隠れた「教養」という科目がある**のだと意識してください。

⑨

私立志望と国立志望とでは勉強法は違う？

結論から述べると、**大部分は重なっているのだから、私立向けの勉強とか、国立向けの勉強とか、違いをつくるな！** となります。

たしかに、問題形式を見ると、私立は記号で答える客観問題が多く、国立は「説明せよ」「論じなさい」のように記述させる問題が多めです。

世界史や日本史の問題が典型的ですが、私立大学の問題は、細かい語句を覚えているかどうかを試す正誤問題（一つひとつの選択肢の○×を判定）が多く出題され、一方、国立大学は、細かい語句の暗記よりも、文章で論理的に説明する能力を要求する問題が多く出題されます。

こうなると国立と私立でまったく異なる勉強方法があるかのように見えてくるのも無理はありません。

しかし、両者は同じ科目ならば結局必要になる基礎力は同じです。私立の早稲田大学を目指すにしても、難関の国立大学を目指すにしても、共通テスト型模試や、共通テストの過去問は、歴史なら最終的に9割は得点したいところです。国語や英語で何割必要かはここでは述べません。あくまで世界史や日本史の例だと思ってください。

たとえば世界史なら、共通テスト型の試験で9割とれる得点力がないのに、早稲田大学の個別入試で合格点をとるのは難しいですし、国立大学の数百字論述が複数出る試験で合格点をとるのは困難です。論述は時系列で語句を適切に用いながら書かなければならないので、かなりの情報量が必要なのです。

共通テスト型の模擬試験で8割程度得点できるまでは、ほとんど勉強方法に差はありません。

８割得点できた段階で記述の練習に傾くか、より多く語句の暗記を仕上げていくか枝分かれしていくイメージです。まずは共通テスト型の模試や過去問で５割、６割、７割と得点率を上げていきましょう！

⑩

「効率の良い」勉強法はあるのか

効率の良い勉強法の前に、まず確実に効率の悪い勉強法を説明しましょう。よくあるのが、「ノートづくりの芸術家」になってしまうことです。

教科書や参考書の図表、一度写した板書を丁寧にノートに再現し、自作のイラストつきで芸術的に再現してしまう人がいます。これはあまりお勧めしません。

学校の成績ならば、学期末の「ノート提出」で高評価がつけられると思いますが、いくら芸術的で綺麗なノートをつくっても、問題が解けなければ、どうにもならないのが受験です。

自分で勉強したことを自分でまとめるのは効果もありますが、全範囲でそれをやっていたら時間がかかるだけですので、ノートまとめが好きな人はいったん我慢してどんどん先に進めてほしいです。

無理をして教科書ばかり読む人も、教科書にこだわる必要はありません。日本の学校用教科書は、教師が説明を加えることを前提として編集されています。

ですから、自力ではなかなか理解できない部分がたくさん生じて当然なのです。「まずは教科書」という常識にとらわれすぎなくても大丈夫です。教科書が難しく感じる人は、初学者向けの参考書も検討してください。

勉強は量より質で、効率の良い勉強をすることこそ大事だと信じている人は多いです。私もその一人でした。

ところが、最近は考えを改めるようになりました。まず、勉強は量を少しずつこなしていくなかで、質の高いやり方を会得《えとく》していくものだと思います。

また、効率の良いやり方とされているものも、タイミングを誤れば、かえって効率が悪くなることもあり得ます。実にケースバイケースなのです。

たとえば、覚えにくいことを語呂合わせで覚えるという方法は、受験勉強でよく使われています。覚えてナンボなので、私はこれを否定はしないのですが、最初からなんでも語呂合わせで覚えようとするのはやめましょう。

古文単語や、歴史の年代をはじめ、さまざまな語呂が各教科の参考書で紹介されていますし、みなさん自身が発明した語呂もあると思います。

語呂だと素早く覚えられそうではありますが、語呂も一つの情報ですから、これが頭の中に溜まっていくと、いつかパンクします。つまり、呪文のような語呂合わせのフレーズは覚えているけれども、その語呂合わせのフレーズはいったい何を記憶するための語呂だっけ？　という状況を生み出してしまいます。

白紙に戻す遣唐使

という日本史の有名な語呂合わせを聞いたことがありますか？　これは、「白紙」が「８９４年」を指しており、８９４年、遣唐大使に任命された菅原道真が、唐の衰退や航路の危険を理由に遣唐使派遣停止を天皇に提案し、実際に停止されたことを覚えるための語呂合わせです。

それなりに便利なのですが、最初からなんでも語呂で覚えたがる人は、頭が次第にパンクして、「白紙に」の「に」を「2」と誤解してしまうなどのミスを犯します。

そういうわけで、はじめのうちは語呂に頼らず、普通に勉強していけば自然と覚えられる事項は意外と多くありますから、それらが固まり次第、どうしても覚えられないものだけに絞って語呂で覚えるというのがオススメです。

暗記の話ついでに言及しますが、「暗記しなくて済む方法」なるものに飛びつかないようにしましょう。勉強に暗記という作業はつきものですから、まったく暗記しないということはあり得ません。

本書で繰り返し述べてきたように、最初（1周目）から「間違えた問題」にペンやマーカーでチェック☑《しるし》をしてムダに時間を費やさないことや、一周で終わらせずに繰り返すということを意識して勉強すれば、覚えるべきことは覚えていきます。

はじめから学習内容をすべて完璧に理解しようとしなくて構いません。まずはざっくりとした理解でいいので、原則、どんどん学習を前へ進めてください。一つの単元で足踏みしないようにしましょう。

⑪

模試と過去問のトリセツ

模試後、解答の自己採点だけで終わらせてしまう人がいます。でもこれはよくない例の筆頭です。模試は、優秀な予備校講師が複数集まり議論して作問し、解説も相当丁寧につくられています。

同じ年度で、模試とよく似た入試問題が出題されたら、つまり「的中」すれば、予備校の宣伝材料になりますし、的中までいかなくても、学力向上に寄与する模試であれば、結果的にその模試を実施した予備校は評価が上がります。

そして、一年間模試を受け続ければ、その大学の入試に出そうなことはおおよそ触れた状態になります。

ただし、これは解説を熟読することも込みでの話です。**模試の解説には出題の意図や、解き方などが詳細に説明されています。絶対に丸付けだけして解説読みをサボることはしないでください。きちんと読めば効果は倍になりますよ。**

過去問については、解くタイミングと、解く量についてよく相談されます。どこで指導を受けても、「まずは過去問を解いてみなさい」というアドバイスがなされることが一般的かと思いますが、あなたがまだほとんど勉強が進んでいないならば、「まずは過去問を確認してみよう」くらいで受け止めてください。

本格的に解くのは10月頃から、遅くとも11月頃からを目安にしてほしいです。特定の科目で実力が高めなら、その科目だけもう少し早めに解いてもかまいません。ただし、遅くとも11月頃からというのは守ってほしいです。

過去問の量としては最低5年分、できれば10年分くらい解いてください。なぜなら、10年分もやれば、問題形式に慣れるということに加え、「問題の使いまわし」のサイクルをカバーできるからです。Amazonや古本屋を利用することで、少し古めのものを手に入れることができます。

大学は、入試問題を毎年ゼロからつくるところばかりではありません。私と同業者、つまり塾や予備校の講師をしている者のあいだではよく知られていることですが、昔の問題をリサイクルする大学が一定数存在します。入試づくりは本当に大変な作業ですから、毎年ゼロからつくって何重にもチェックしてというわけにはいかないのです。

その一方、1〜3年前の問題をリサイクルすることもできません。直近すぎて、ほぼすべての受験生が解いたことがある類題を出題しても、正しく受験生の学力を測れません。直近で出題されたテーマは、被らないように避ける形で出題されることが多いです。

よって、問題のリサイクルがあるとしても7〜8年前だとか、もっとさかのぼって、10年前くらいのものが再利用されるのです。10年分解くことを理想とするのはそのためです。

よく、特定の1年分の問題を、明治、青学、立教、法政、中央でまんべんなく一回ずつ解くというやり方をしている人を見かけますが、明治なら明治、法政なら法政で、**より行きたいところをいくつか絞って、ひとまず、5年分くらいこなすことをお勧めします。**

たとえば、2018〜2022年にかけて、計5年分の明治大学法学部の問題を一気に解くほうが、2018年の問題を明治（法）、青学（法）、立教（法）、法政（法）、中央（法）と順にまんべんなく解いて、それから2019年に移行するやり方よりも良いということです。

「明治なら形式もほぼ慣れたし、大丈夫そうだ」という軸があれば、他の大学の問題にも対処できる基礎力がついているわけですね。

逆に「MARCHは一通り解いたけど、1年分ずつしかやっていないから、どこの大学がどんな形式かは覚えていない」というのはあまり良くありません。そういう理由から、軸を早めにつくることを推奨しています。

〈学校編〉

①学校のペースに合わせるべきか

学校の授業の進度と、受験勉強の進度をどう合わせるべきか、よく相談されますが、基本的に学校の進度にぴったりと合わせる必要はありません。

特に、**難関大学の合格を勝ち取ろうとしている人は、どんどん受験勉強モードで先取り学習をしていくべき**です。

私はよく、非進学校の生徒で難関大学を目指す生徒には、「ライバルは他校の進学校の生徒だ。キミの学校内でモノを考えてはいけない」とアドバイスしています。

学校は、「ゆっくり進む」場合でも、平均的な学力の生徒に合わせるため、あなたがクラスの平均的学力より上でも下でも、そこから離れているのであれば、ペースは合わないことになります。

運が悪いと、生徒の理解度無視でどんどん難しいことばかりやって先に進めていくカリキュラムのところもあり、それも学習ペースがつかみにくいパターンです。結局、志望大学合格に必要なゴール地点から逆算して、今のあなたの学力から引き上げるには、どんなペース配分がいいのかを考え、その通りにやっていくしかありません。

学校の授業内容が生ぬるいと考えるならば、自分の受験勉強の計画通りに進めていき、学校の授業時間を復習の時間のように使えばよいでしょう。

反対に学校の授業に追いつけていない人は、何とか試験前に赤点を取らないように気をつけながら授業にくらいつきつつ、受験勉強をしっかり進めていくなかで学校の内容にあとから追いつけばいいのです。

学校の授業が全然わかりませんという段階まで一度きてしまった人が、「授業の内容に追いつこう」という発想だけ持っていると、受験勉強としてこなさなければいけないことに手がまわらず、最後に失敗することが多いので気をつけてくださいね。

学校の授業と言えば、受験科目以外の科目をおろそかにしないようにしましょう。たとえば、倫理という科目は、古今東西の思想家を扱っていて、生命倫理や社会学、国際問題なども登場します。受験に直接使わなくても、知識として国語や英語に役立つ内容がもりだくさんです。

音楽、書道、体育、家庭科、保健体育で学習した内容が思いがけず英語の題材となる場合もあります。浪人生はこのような授業を受ける機会はありませんが、**高校に通っている人は、受験科目以外からも幅広い教養を身につけるようにしましょう。**

② 課外授業・補習に参加すべきか

学校で設置されている課外授業や補習に参加すべきかいなか、相談されることがあります。正直、これはあなたがその授業を受けて意味があるかどうかがすべてです。

塾や予備校の授業を「学校の授業があるので」と言って、来たり来なかったりする生徒の成績があまりよくないのは事実なので、ためになる講習で、塾や予備校の授業時間と被らないならば、積極的に参加するといいと思います。

ただし、私の経験上、意味のない学校の補習というのは存在しています。最悪の場合、先生自身もやる気がなくて、眠そうで、教え方も上手くないという場合もあるでしょう。そんな課外授業・補習の参加が任意ならば、周囲の目を気にして無理をしてまで出席する必要はありません。

人生がかかっているので、そこは勇気を持って欠席しましょう。

私の友人でこういうケースがありました。その友人は、東京大学に受かるか受からないか、瀬戸際《せとぎわ》の成績でした。

センター試験（現共通テスト）の英語の過去問や模試では、毎回ほぼ満点近く、少なくとも9割は確実に超える実力がありました。

ところが、毎日、朝の7時半頃から始まる「センター対策英語」の朝課外を、睡眠時間に支障をきたしながら強制的に受けさせられていたのです。

授業内容も、先生が生徒一人ひとりを順番に当てていき、「ここ、訳してみろ。そやな。じゃあ後ろの人。そやな。じゃあ次の人」みたいな単調なスタイルで進められたそうです。センター試験の問題で6～7割も怪しいような生徒向けの内容だったとのことでした。

友人は我慢の限界がきてサボるようになったそうですが、あなたも、**その課外授業があなたにとって有益かどうかよく考えて参加してください。**ただし、決めつけはよくないですよ。参加する前から「どうせあの先生は意味がない」とか勝手に判断するのはもったいないです。

③

学校の課題の受験転換法

学校の課題はなるべく早めに終わらせてください。「成績にひびくから早く出しなさい」などと言われ、先生からの催促がストレスになってしまうため、早めにこなすほうがいいです。

ただし、例外もあります。私が高校生のときに、古文の助動詞を間違えたら、放課後に古文の助動詞活用表を50枚写してこい！　という無理難題を課してくる教師がいました。もし出さないと、手が出てくるような教師です。

このような状況下の人は、非常に判断が難しいですね。**懲罰《ちょうばつ》のような形で出された課題は、とっとと片づけられるならば片づけ、あまりにも無茶なものは応じないか、それが難しいようなら、他の教師または保護者などに相談しましょう。**

客観的に見て明らかに不当なことは、相談すれば周囲の大人が助けてくれます。私も学校での勤務経験がありますので、学校教育を軽んじるような指導はしたくありませんが、人生がかかっている時期に、理不尽な課題に時間をとられないことも大事だと思います。

学習効果はありそうだけど、塾の課題とほぼ内容がバッティングしてしまったというパターンはどうでしょうか。塾が柔軟に対応してくれる個別指導のようなところならば、「学校でこれが課されているので、これに取り組むのはどうでしょうか?」などと尋ねてみましょう。

学習効果が高そうな課題が学校で出されたが、塾や予備校の内容と被《かぶ》っておらず、どちらもやるのが大変そうだという場合もあるでしょう。この場合はどちらも頑張るしかありません。

受験対策に特化している塾・予備校の課題をまずしっかりこなしつつ、学校の課題もなんとか無難にこなすというのがいいです。どちらも中途半端に取り組み、あるときは塾や予備校の課題を疎かにし、またあるときは学校の課題を疎かにし……、というやり方はあまりいい結果につながりません。

④

定期テストの利用術

みなさんの一番のゴールは、大学合格です。これまで勉強ができなかったとしても、一般入試で大学合格を勝ち取りたいという人に向けて書いたのが本書です。

定期テストで良い点数をとって、評定も高く、推薦で大学合格を目指す人向けの内容ではありません。学校の定期テストを疎かにしろとは言いませんが、あくまで入試本番で得点できなければ意味がありません。

とはいえ、学校の定期テストの点数が毎回悪かったのに、外部模試や一般入試の結果だけは良かったという人はあまりいません。

100点はとらなくていいから、受験に使う科目は、最低でも80点、90点は目指してください、といったところでしょうか。

学校とは別に計画している大学受験のための勉強をこなしていけば、学校の授業の内容をすべてカバーするのは大変です。

受験に使わない科目も疎かにしてはならないとはいえ、なんでも大真面目に満点を目指す勉強をしているようでは、手がまわらなくなるでしょう。

範囲が限定され、しかも授業で扱った内容に限定され、さらに出題形式を教えてくれる学校の定期テストと、何が出るかわからない模試や入試は違います。

みなさんは後者で得点をとらなければ希望の大学に入れないわけですから、そこは常に意識してほしいです。

すでに受験勉強で出遅れているような人は、「完璧主義」にならないようにしましょう。

⑤

受かる受験生のスクールライフは何が違うのか

学校のクラスメイトのなかで、あなただけが本格的に受験勉強に取り組んでいるという場合はもちろん、そうでなくとも、学校の休み時間の過ごし方は非常に重要です。

さっと昼食を済ませて自習を始めようと思っていても、一人で行動する場合と比べて、

「友人と売店にパンを買いに行く」という選択をしただけで、ずいぶんと違った結果になります。

友人と雑談をしながら売店にたどり着き、列に並び、パンを購入し、再び教室へ戻ります。この間、ずっとおしゃべりは続いているはずです。いざ食べる段階で、「ごめん一人で食べるわ」とはなかなか言いにくいですから、だらだら会話しながら昼食をとることになります。

勉強が順調で、昼食くらいは息抜きにリラックスしてもいい状況の人は世の中にたくさんいますが、あなたはどうでしょうか？　もし、必死に遅れを取り戻そうとしているなら、こんなことでは時間がもったいないですね。

一人で行動すれば昼休みの時間に、30分くらい勉強できます。「塵《ちり》も積もれば山となる」ということわざをご存じでしょうか？　決して「友人を避けろ」とは言いませんが、昼の休み時間は有効に活用してください。

本当は、食事をさっと済ませたら図書室に移動するのがベストですが、教室に残る場合は、耳栓やイヤホンでもして、友人から「あいつは受験を頑張っているからそっとしておこう」と気を遣ってもらえるくらい、集中した雰囲気をあなた自身が身にまとうのが理想です。もしも次々と雑談目当てで話しかけられてしまったときの対策を、念のため考えておきましょう。

・「今日終わらせなきゃいけないノルマがこなせていないんだ……」
・「塾の先生に、『昼休み単語100個暗記チャレンジ』とかいうものを課されているんだ……」
・「確認テストの点が悪くて、予備校の先生から、昼に友達との会話が盛り上がってしまったら図書館に逃げて自習する、というルールを課されているんだ……」

いかがでしょうか？　これらは、自分で課したノルマや、厳しく指導してくれる第三者を言い訳にして、やんわり勉強に集中したいという意志を伝えたいときに使えそうなセリフです。「本当はみんなと話したいけど今はゴメン」というニュアンスが出ているため、きっぱりと思っていることを主張するのが苦手な人に向いています。いくつかのシチュエーションを想定し、使えるセリフを考えておくといいでしょう。

次に、**登下校中の過ごし方についてですが、基本的に単語帳での暗記や、すでに**

学習したことの「ポイント総整理」みたいな教材を使った復習をするといいと思います。

登下校中の勉強は、電車やバスの中で行うわけですから、じっくりと新たな分野を学ぶのには向きません。とはいえ、いつもゆったり座れて乗車時間も30分あるという人もいるでしょう。

そういう人は、じっくりと本や参考書を熟読したり、英語や現代文の文章問題に取り組んだりすることも可能だと思います。

気をつけたいことは、休み時間の過ごし方と似ています。友人とワイワイ盛り上がりながら、寄り道して帰るのは楽しいものです。

私も学生時代、学校からの帰宅ルートにたこ焼き屋があり、そこに友人や先輩らとよく立ち寄っていました。

ただし、今日は早く帰って用事を済ませたいと思っていたときでも、「少しくらいいいだろ」と誘われて、結局2時間くらい時間を費やすなんてこともザラにありました。人間は、私のように意志が弱い人もいるのです。

制服を着ている状態であれば、寄り道をするのにも限界がありますが、私服に着替えた状態となれば別です。浪人生もそうですが、予備校帰りの夜遅くに、あるいは日曜日に受けた模試の後の流れで、「ゲーセンに行こう」、「カラオケに行こう」となりがちです。遊興施設に足を運ぶクセがつくと勉強は厳しいので、特に気をつけてほしいと思います。

まるで、友人と付き合うなと言われているように感じる人もいるかもしれませんが、友人の存在自体を否定する意図は一切ありません。私が言いたいのは、あくまで友人と「常に」一緒に切磋琢磨する必要はないということです。

最後に部活についても述べておきましょう。よくある相談は「受験のために部活を辞めたほうがいいでしょうか?」というものです。これは本当に回答に悩む質問です。

部活を頑張ったことが、のちの人生に良い影響を及ぼすことも多いからです。たとえば、勉強はイマイチ成果が上がらなかったが、部活で得た人間関係、人脈、苦労した経験に基づくアピールを駆使した就職活動により、良い会社に就職できるなんてこともあります。

私が学生時代に目撃したエピソードですが、ある先輩がサッカー部を辞めようと顧問のところに言いに行ったところ、「『勉強のために部活を辞めます』は成功しない。『勉強頑張ります。でも部活も頑張ります』と言うのが正しいんじゃないのか?」と叱責《しっせき》されていました。

易《やす》きに流れる、つまり、ラクなほうへとすぐに逃げてしまう人が厳しい受験勉強を継続できるのか？　ということなんだろうと納得できる反面、やりたくもない部活に毎日時間をとられていては、大学受験どころではないかなとも思います。

私が部活を辞めたいと悩んでいる生徒に対して、「だったら辞めてもいいかもね」とアドバイスする場面は次の質問のほとんどに「Ｙｅｓ」の場合です。❶部活への参加は土日含めて週4〜5日あるか？　❷部活の人間関係がしんどいか？　❸自分の現状の学力とだいぶ離れたハイレベル大学を狙うのか？　❹大学受験が第一優先で、受験をなんとしても成功させたいか？　❺部活になんの未練もないか？

私は、学校外のところで大学受験指導をしているとはいえ、教員免許を持っていて、学校教育にもかかわってきたことから、部活の持つ役割を理解しています。

ですから、安易に「部活なんか辞めてしまえ！」と言うつもりはありません。しかし、前述の5つの質問に対して「Ｙｅｓ」という答えが多いならば、やむをえないと思います。本当に部活を辞めていいか悩んだ場合はこの質問を自分に問うてみてください。

⑥

学校の先生はこう頼れ！

受験生を見ていると、学校の先生の「活用法」が下手だなと感じることが多いです。活用法というと失礼な響きがありますが、要は「頼り方」ですね。**学校の先生には雑な依頼をするよりも、具体的な依頼をするように心がけてください。**

進路相談のときには、「先生、心理系の学部に入りたいんですけど、良い大学ありますか？」と質問するよりも、「先生、関東の大学で心理系の学部に入りたいので調べたら、○○大学と、□□大学と、△△大学が良さそうなんですけど、何かご存じでしょうか？」と質問を少し具体的にするだけでまったく違います。

小論文の添削も同じです。昨今の大学入試では、小論文のようにまとまった文章を書かせる大学が増えてきました。読者のみなさんのなかにも慶應を狙っている人がいると思いますが、慶應の小論文対策は、すべてを自分一人で行うのは難しいですよね。

そこで、学校の先生に添削を頼るわけですが、漠然《ばくぜん》と「添削をお願いします」と言うだけだと十分に見てもらえるとは限りません。そもそも生徒からの添削依頼は、時期的に集中します。

学校の先生は、校務分掌《こうむぶんしょう》という授業以外の仕事や、保護者への書類作成、外部業者との打ち合わせなど、さまざまな雑務に追われています。忙しいですから、肝心の小論文全体の内容や構成よりも、誤字脱字のチェックを中心に確認をする先生もいます。

誤字脱字が多いと内容や構成以前の問題なので、仕方ありませんが、仮に内容や構成も見てくれる先生だったとしても、具体的な要望もなく、「添削をお願いします」と言われて、いきなり渡された小論文が支離滅裂《しりめつれつ》な構成では、どこをどうコメントしていいか困ります。

おそらく2〜3カ所指摘して、「もう一回書いて再提出しなさい」と指示してとりあえずいったん追い返す先生もいると思います。私だって余裕がなければそうするかもしれません。

この解決策は、添削依頼に具体性を持たせることです。そのために、本書でも紹介している小論文の入門レベルの参考書で学び、それを模倣《もほう》して、ある程度小論文の型に沿った状態で、「先生、文章の流れとか、私の実体験の部分は違和感ないですか?」などと、依頼してほしいです。そこまで努力して、具体的に依頼したならば、しっかり内容や構成面も見てくれるはずです。

ちなみに、小論文の添削を依頼する相手は、国語の教員だけが適任者というわけではありません。

題材が生命倫理であれば、公民科の教員が適任かもしれませんし、環境問題であれば、理科の教員が適任かもしれません。グローバル化がテーマであれば、日本語で書く小論文であっても、学生時代に留学し、国際経験豊富な英語教員が適任かもしれません。

一つの小論文を複数の教員に添削してもらうのは個人的にあまりお勧めしません。教員によって文章の好みが違うからです。意見が食い違うアドバイスを同時に聞き入れるのは難しいでしょう。

一方、小論文のテーマごとに依頼する先生を少し変えてみるのはアリです。引き受けてくれればの話ですが。「小論文は国語科が面倒をみる」と決まっているような学校もあるようですので、無理だったら国語の先生にお願いしましょう。

最後にもう一度進路相談の話をしておきましょう。学校の進路希望調査で、今の実力に見合わない大学の名前ばかり記入する生徒がいます。

そういう人のために私は本書を書いたので、頑張ってほしいのですが、最上位校の名前ばかり挙げていると心配されるのでやめたほうがいいです。予備校もそうですが、学校は浪人ありきの指導はできません。

学校では、生徒から、「落ちたとしても早稲田しか行きません」くらいの覚悟を伝えられない限り、必ず進学先が確保できるようにアドバイスをせざるをえません。せっかくこれから「偏差値急上昇」が狙えるポテンシャルを持っていても、「もっと偏差値が下のところを受けろ」としつこく言われたらモチベーションに影響します。

ですから、**最初から偏差値が低めの学校も、いくつか志望大学リストに挙げておくといいでしょう。**内心、行きたくないと思っていてもかまいません。まだ受験シーズンから遠いのに、「ここだと行くところがないぞ」と過剰に言われて、やる気が低下するリスクのほうが重大です。

〈塾・予備校編〉

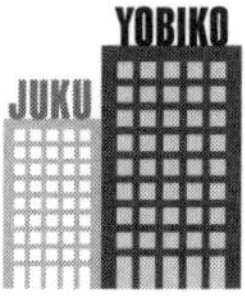

①

塾と予備校には種類がある

塾や予備校はさまざまな種類があるため、まずはそれぞれの特徴を知りましょう。この特徴を知らずに、あなたに合った勉強空間を選ぶことはできません。ここでは、実際に教室を構えているものについて説明したいと思います。

大きくわけると、個別指導の塾と、集団指導の塾、予備校があります。個別指導の塾については、予備校の個別指導部門のようなものもありますが、基本的には個別指導を専門にしているところが多いです。

集団指導の塾や予備校については、講師1人に対して、生徒ひと桁ほどの小規模塾、10

～20名ほどの中規模塾、数十名の大手予備校まで幅広くあります。

私は、「大手」と言えば、河合塾、駿台、代ゼミの「三大予備校」を思い浮かべますが、これは定義次第です。知名度の高さや全国模試を実施している規模感から、東進ハイスクールを入れても良さそうですし、生徒在籍数的には四谷学院なども入れていいかもしれません。

私が受験生の頃、地元に、「三大予備校」は揃《そろ》っていませんでした。駿台が近場になく、河合塾と代ゼミがありました。現在は代ゼミが撤退したので、「三大予備校」のうち地元で残っているのは、河合塾だけとなりました。

その代わり地元には北九州予備校があります。「努力は実る」というスローガンが有名で、九州ではかなりの地位を築いている予備校です。

浪人して「北予備」の寮に入ることとの大変さはとても有名です。生活態度に厳しく、だから保護者には信頼されています。「うちの子は北予備に入れないと絶対勉強しない」という意識があるのだと思います。

関西にある研伸館というところも、地元の人からよく知られているようです。同様に地方で有名な予備校は全国にいくつかあります。

このように、地元で確固たる地位を築いた予備校や、河合塾、駿台、代ゼミの大手三大予備校や、四谷学院などが、比較的大人数の集団授業を行っているところだと言えるでしょう。

集団授業を行う中小規模の塾もあります。これは地元密着型のところが多いですね。塾長の人柄が個性的だったり、そもそも長年の実績と信頼があったりで、口コミでの入塾も多く、生徒を安定的に集めています。

個別指導塾は個人でやっているところと、有名な会社の看板を使って展開しているところがあります。個別指導塾は、先生一人あたりが教える生徒数が少ないので、人件費が高くなるベテランの先生よりも、大学生の講師が授業を担当してくれるパターンが多いです。ただし、「プロ講師が個別指導」をコンセプトにしているところもあります。当然ながらこちらのほうが、学生講師が主体の個別指導塾よりも月謝は高くなります。

大手予備校では、成績に応じて割引のサービスをしているところが多いです。自分が利用できる割引はないか、確認したほうが得するかもしれません。

以上のことを踏まえたうえで、体験授業は必ず受けて、塾・予備校選びをしてください。 授業担当者がどんなに一流の講師であっても、言葉遣いとか仕草の部分で、どうも気に入らないということはあり得ます。

聞き心地の良さというのは、実際に講義を受けてみないとわかりません。講座の案内をしてくれるスタッフに、言われるがまま従っていると、あとで必ず後悔します。また、教室内の秩序がきちんと保たれているか、といった観点も重要ですね。

とても良い授業が展開されていても、遅刻者が多く、遅刻者の入室のたびに講師が対応して授業が中断するといったことはないか、騒いでいる人はいないかなど、さまざまな角度でチェックしましょう。

②

映像授業で合格する人・落ちる人

2020年に発生したパンデミックにより、映像授業に触れる機会が格段に増えました。この映像授業について、種類や、受講の仕方を解説しておきましょう。

予備校系で言えば、東進衛星予備校、河合塾マナビスなどがまず思い浮かぶでしょうか。

校舎のつくりとしては、各々が授業を視聴するためのブースがたくさんあり、そこで一流講師の授業を映像で受けることができます。

ライブ授業を主体とするところでも、コロナ禍の影響で、欠席者用に映像授業を準備するところも増えてきました。こちらはどちらかと言うと、おまけのようなものですが、映像授業主体でないところでも、授業を映像で受ける機会があるということです。

また、近年では、オンライン予備校も登場しています。代表的なものは、学研プライムゼミ、スタディサプリ、学びエイド、ただよび、などでしょうか。

たとえば東進の教室に実際に通う場合と比べて安上がりで、自宅で受講できるのが便利ですが、どの授業をどのタイミングで受講するべきか、判断が難しいです。リアルな教室空間で他の受験生の熱気を感じることもできないので、意志の強さが求められます。

映像授業を視聴するときに注意してほしいことは、再生倍速を適切な速さに設定してほしいということです。映像に出ている講師は、それなりに経験を積んできたプロですから、話すタイミングや間の取り方など、生徒のためによく考えて計算しています。

受講者が「ゆっくりだな」と感じても、それは講師からしたら「あえて」そのスピードなのかもしれません。ですから、勉強に慣れていないのに、「1・5倍速や2・0倍速で受講しています」という生徒に会うと、考え直すように指導しています。おそらく理解が追いつかないからです。

基本は、1・0倍速または、1・2倍速程度をお勧めします。なお、復習でもう一度聞く場合や、雑談の場合は1・5倍速に早めても問題ないと思います。

③ 塾・予備校を選ぶときの最大のポイント

まず個別指導の塾について説明しましょう。講師については、大学生の講師が主であることが多いです。高校生と年齢が近いため、話しやすさ、相談のしやすさがあります。また、教員志望の大学生も塾講師をしていますから、思いのほか丁寧な指導を受けることができるときもあります。

地方のさびれた（ように見える）駅の前にある塾でも、近隣に国立大学があれば、安い値段で優秀な医学部生の数学の授業を1対1で受けることができるかもしれません。

では、個別指導の塾を選ぶとき気をつけるべきポイントはどこなのでしょうか。それを理解しやすくするために、私が今まで3カ所で個別指導をしてきた経験、エピソードを紹介したいと思います。

私が学生の頃、最初に勤めたところは、時給が安く、給料が発生しない無賃労働の雑務をたくさん大学生の講師にふってくるところでした。電話対応や、掃除、報告書記入などです。

せっかく出勤しても、授業開始時刻に生徒から電話があり、「今日は体調が悪いので休みます」と、嘘か本当かわからない連絡が入り、授業が消え、出勤したのがムダになることもありました。さらにあろうことか、社員が「ドンマイ!」などと呑気《のんき》な言葉をかけてくるのです。

あまり稼げないので、なかには塾講師仲間でサークル活動のように遊びつつ、「やりがいがあるし、楽しいからいいか」と自分を納得させながら、別のアルバイトをかけもちするという人もいました。私もその一人です。

生徒にどの先生がつくかは、生徒が決めます。何名かの講師の授業を体験し、気に入った先生を生徒が選びます。「わかりやすい先生がいる」と思わせるために、指名されたとしてもその生徒を担当することが難しい状況の講師が、体験授業を行うこともありました。

また、高校3年生の学力の高い生徒が入ってきたときに、「エース講師」をとっておきたいために、学力が高くない生徒には、駆け出しの講師ばかりをあてるということもありました。

ちなみに、個別指導といっても、1対1ではない塾が多いです。1対2、ときには1対3という場合もあります。1対3って個別指導なんでしょうか？

1対2の塾では、1人の生徒に問題を解かせている間に、もう一人の生徒に対して解説を行い、それが一段落したら、問題演習をする生徒と、講師の解説を聞く生徒をうまく交代していくという建前になっています。

もちろん、こちらの都合のいいタイミングで問題を解き終えてくれる生徒ばかりではないですし、1対2で授業をしていて、片方の生徒だけ手がかかる場合もあるので、早く解き終えた生徒はとりあえず何か復習らしきことをして待つように指示されるということがよく起こります。

生徒からしたら、苦手なタイプの別の生徒と一緒に授業を受けさせられることもあるでしょう。仕方ないとはいえ、私も授業をしながら、この二人を同時に見るのはきついなあと感じたことも多々ありました。

夏休みや冬休みになると、講習をたくさん取らせるために、講師が担当できない数の授業を生徒に提案していました。短期留学などの予定がある講師は、頻繁に代講（他の先生に代わりに授業をしてもらうこと）をだして対応することも多かったです。

あとは、講師にとって得意でない科目を無茶ぶりされることもあります。私はもともと国語が得意ではなかったので、国語は担当したくなかったのですが、頻繁に国語の授業をふられていました。おかげで、だんだん私も国語が得意になっていきました。

さて、個別指導塾のイメージが悪くなってきた人もいると思いますが、誤解しないでほしいのは、それでもやはり、個別指導にはメリットもあるということです。値段が比較的安いですし、いい先生に出会ってしっかり努力すれば、非常に大きな結果がついてきます。

そのため、私の個別指導講師の経験を踏まえて、しっかり入塾時に検討してほしいです。

体験授業で指名した先生がちゃんと見てくれるのか、個別といっても先生一人に対して生徒は何人か、ふだんどんな勉強をしている先生なのか、先生はやる気があり

そうな態度だったか、などを感じ取ってください。

「社会人プロ講師」しかいない個別指導塾もあります。それなりにその科目を専門にやってきた講師が多いので、ある意味安心できるのですが、自信があるためにかなりビシバシ鍛えてくれる講師もいます。受講生からすると、圧が強いと感じることもあるでしょう。

しっかり体験授業を受けて、講師との相性を確かめるようにしましょう。

失敗したくないのはわかりますが、入塾時にあまりに探ってばかりだとこれまた雰囲気が悪くなるのでほどほどに。ただし、欠席した場合の振り替えがきくのかどうかや、指名した先生がちゃんと見てくれるのかなど、基本的なことは絶対に聞いておきましょう。

集団指導の塾で気をつけるべきことは、個別指導塾や、オンライン予備校と違い、年度の途中で教わる先生を替えることが難しいということです。ですからこちらも体験授業はしっかり受ける必要があります。

加えて、自習室は必ず見学してください。利用予約制度の有無や、机の広さなどをチェックしてほしいです。案内してくれるスタッフに、「私語などの迷惑行為をする人はいますか？」みたいに尋ねるのも一つの手です。自習室の快適な環境をいかに重視しているかを知ることができます。**授業の時間よりも、自分で勉強をする時間のほうが長いわけですから、自習室を使いたいときに使えないみたいなところは避けたほうがいいでしょう。**

最初に受付で応対してくれたスタッフとは、しっかりコミュニケーションをとり、あなたの現状をきちんと伝えましょう。

教え子から聞いた話ですが、浪人をするときに某X予備校を訪れたところ、現役時代の高3夏に受けたX予備校の模試結果を引っ張りだしてきて、「この成績なら……」とアドバイスを始められたそうです。

当然高3夏よりも、浪人が決定した高校卒業時の3月のほうが学力は伸びているわけで、そこの伸びを尋ねもせずに受講クラスの検討をされて不快だったため、その教え子はX予備校に入るのを辞めたそうです。

この例からわかるように、あなたの学力とイマイチ合わないアドバイスをされる場合もあるため、「この大学では7割で共通テストは8割でした」、「共通テストは5割しかとれないのに、なぜかこの大学では7割とれます」など、具体的に申し出るようにしましょう。

受講するコースを決める際、「この科目は自分でやります。（だからもう少し安くなりませんか?-)」と、リクエストする受験生がいますが、正直これはあまりお勧めしません。

「○○は自力で」は、危険です。

私も昔、言われるがままムダな講座を取らされた経験があるので、なるべく自分でできるところは自分で済ませ、安上がりにしようとする気持ちもわかります。

ところが、授業を受けていないと、ペースメーカーになるものがなく、すべて自分で計画を立てて勉強を進めていかなければなりません。それが難しいから、予備校や塾を頼っているのですから、**可能な限り受験科目については授業を取る方向で考えていいかと思います。**

④ 塾・予備校での過ごし方

塾や予備校に1年間通っていると、メンタル的に弱る時期が訪れる場合もあるでしょう。

周りの受験生と、良い意味で競いあうのはいいのですが、比べる必要のないところを比較したり、周りの受験生から余計なひと言を言われたりして、傷つくこともあるかもしれません。

私の場合、傷ついたということはありませんでしたが、私が受講している講師の評判をネット掲示板で見た他の受験生から、「あの先生、間違いが多いらしいよ」、「あの先生の授業だと早稲田に届かないらしい」などと言われ、直感的に根拠がないことはわかったのに、不安になったことがあります。

他の受験生のマナーが悪いといったことも含めて、さまざまなことがメンタルに響く時期ですから、何か困ったことがあれば、チューターの先生に相談するといいです。きっと親身になって話を聞いてくれると思います。

とにかく、塾の先生やチューターを「活用」してください。学校の先生に対する頼り方と同じです。今抱えている問題点をわかる範囲で具体的に説明し、アドバイスを求めるのです。

学校と違って、塾や予備校は「受かってナンボ」の世界です。受講生を合格させることが一番の優先事項です。もちろん、学校の先生も生徒の合格を願っていますが、同時に人格を完成させるという教育的使命も背負っています。

それに対して、塾や予備校は、一人でも多くの受講生を、合格させたい。合格実績が悪いと、次年度は生徒が集まらなくなり、講師は担当コマを減らされます。そうなると収入が減ります。きわめてよく似た職業ですが、役割が異なる部分もあるのです。

したがって、塾や予備校では、学校の先生と違った角度からのアドバイスをもらえることがあります。ある生徒の事例を紹介しましょう。その生徒は、「大学に出す志望動機の文章を添削してほしいです。学校の担任の先生に見てもらうと、かなり細かいところまで訂正されて行き詰まりました」と塾講師である私に相談に来ました。

その生徒の学校の担任は、改善の余地があるものにGOサインを出すと、やはり担任としての責任もあると思ったのか、つい訂正を過剰に入れてしまったようです。

そこで、私は、「ツッコミどころがあるのは良いことだ。面接を担当する大学の先生も質問がしやすい。深く聞かれそうなところを事前に対策できる。もし完璧な文章を書いて提出したのに、大学の先生がそれならば……と、難しい質問をしてきて、あなたが答えられなければ、『なんだ、結局代筆か』と思われてしまうよ」と、アドバイスしました。

結果的に、バランスのとれた志望動機が完成し、その生徒は無事大学に合格できました。勇気を持って相談に来てくれたからこそ、いい結果が出たのだと思います。

最後に、「置き勉」についてアドバイスします。塾や予備校のなかには、ロッカーや、個人の自習机などが用意されているところがあります。そういったものがまったくないところに通うなら仕方ありませんが、あるならば最大限活用してください。

よく使う単語帳などは、親に頼んで2冊買い、自宅用と塾用で分けて使用することをお勧めします。自宅に忘れて勉強できない！　といった事態を避けることができますし、何より毎日重たい荷物を持ち運んで体力を消耗してしまうのを防ぐことができます。

私は、昔から力には自信があるのですが、その私でも書籍などの荷物を大量に持ち運びすると、腰が痛くなり、かなりの体力を消耗《しょうもう》します。

受験勉強は、誰もが少なくとも半年以上もの時間を費やす長丁場です。少しでもフレッシュな状態で勉強できるように努めましょう。

プロが見極めた！ 合格を勝ち取れる参考書

第4章

～何を選ぶかで勝敗が10割決まる～

①

参考書・教材ごとの特徴を知ろう

この章では、参考書について説明したいと思います。まず、「インプット」と「アウトプット」という言葉について確認しましょう。

前者は、「入力する」という意味で、勉強においては必要な事項を頭に入れることを指します。それに対し、後者は、「外に出す」という意味で、勉強で言うならば、理解して覚えたことを、実際に問題を解いて「外に出す」ということなのです。

インプットはどういう場面があるかと言うと、❶授業を聴く、❷暗記をする、❸本やインターネットで調べる、などが挙げられます。

アウトプットは、❶テストを受ける、❷問題を解く、❸人に説明する、❹ノートにまとめる、などが挙げられます。

受験勉強で、インプットとアウトプットの比重をどうするべきかというのはさまざまな意見があります。人によって、2：8だとか、3：7だとか言われますが、**間違いないのは、アウトプットのほうをより多くするべきだということです。**5：5でインプットとアウトプットを行ってはいけません。

ましてや、7：3で、インプットのほうを多くする、なんてことはないようにしてください。ただし、時期的にインプットの時間が集中するタイミングはあります。まだ勉強して間もないのに問題演習ばかりできないですから。

ついでに言うと、「インプットを終えて、あとはずっとアウトプット」というわけでもありません。

たしかに、最初はインプットとして教科書学習的な位置づけの、その教科の概要を知るための勉強からスタートします。それから問題演習をしてアウトプットしていくのですが、その都度インプットすべき事項が登場します。

言い換えると、問題演習をしながら新たに学ぶこともあるということです。ですから、知識を詰め込むインプットの作業は受験勉強の全期間で継続します。

全期間を受験後に振り返ったとき、インプット3：アウトプット7くらいの割合で十分な量を勉強できた人が成功する、とイメージするとよいでしょう。

インプットする参考書の選び方

では具体的にインプット教材の種類について見ていきましょう。まず、高等学校で使用されている文部科学省検定済教科書は、紛《まぎ》れもなくインプット教材です。大学受験問題は、教科書に記載されている内容から出題されるため、大学受験は教科書の内容を理解するのが最も大事だと言えます。

ところが、**勉強が苦手な人や、そもそも勉強を今までしたことがない人にとっては、教科書を読んでもよく理解できないと思います。そんな人にお薦めするのが、「講義系」の参考書です。**

有名な予備校講師が語り口調でその教科の重要事項をわかりやすく解説してくれています。耳で聴くのではなく、文字を読むという違いがありますが、内容自体は教室で授業を受けている場合と同じくらい充実しています。

書籍で教室の生の授業を再現するというのがコンセプトなので、学習すべきことが、すべてしっかり記述されているのです。ただし、実際に講師が発言している雰囲気を残すために、かなりフランクな言葉づかいもそのまま収録されていますから、人によっては「クセが強い」と、嫌う人がいます。

そのような人は、予備校講師の教室での授業を「そのまま再現」したとアピールしていないものを選んでください。講義の語り口調は再現していないけれども、教科書の説明を多少柔らかく表現して全範囲を解説してくれているものがあります。

とはいえ、**私のお薦めは、予備校の授業の語り口調を「そのまま再現」した参考書で、まずは教科の概要を学んでいくということです。**ただし、教科書ならば省かれるような「たとえ話」なども再現されているため、ページ数が多く、分厚くて、一見するとかなり大変そうに見えます。複数冊でシリーズ完結になっているものも多いです。

もし抵抗があれば、「入門」や「基礎」という字が表紙に書かれているような、その教科の最低限のエッセンスのみを解説したものから手をつけてもいいと思います。

それ一冊だけでは難関大学に到達することは無理だけど、超基礎部分は理解できるよ、まずはこの一冊からどうぞ……というタイプの本です。そのレベル感の講義系参考書もたくさんあります。

アウトプットする参考書の選び方

次にアウトプット用教材について確認していきましょう。

まずは、問題集からです。問題集はターゲットにしているレベル層がさまざまです。たとえば、参考書の表紙についているカバーの隅っこに、「基礎・標準・発展」や、「日常・共通テスト・私立・国公立・難関私立・難関国公立」といった難易度の幅が提示されているものがあります。

そして、たとえば「基礎・標準・発展」について、「標準」のあたりが濃い色になっている、または「◎」（←このような二重丸のマーク）がついている参考書があったとしましょう。

これは、「この参考書は標準レベルの内容を取り扱っていて、しっかり取り組めば、難関大学まで届くのはキツイけど、共通テストおよび、おおよその大学入試に対応できますよ」と、示しているのです。

問題集は日常の定期テスト対策レベルから、難関大学の受験に対応できるレベルのものまでさまざまあるため、よく見極める必要があります。

出版社のオリジナルの問題で構成されているのか、大学入試の過去問で構成されているのかの違いなどを確認しましょう。

当然、大学の入試で、過去に実際に出題された過去問を中心に構成された問題集のほうが実戦的な力がつくと考えていいです。

大学入試の過去問で構成されている場合、どこの大学の過去問が多く収録されているか確認してください。今まで勉強をしてこなかった人が、これから勉強していこうというときに、東大、京大、早稲田、慶應などの過去問ばかり収録されている問題集はレベル感が合わないことになります。

基本的な知識の定着を図るための問題集として、なにか1冊は必ず準備したほうがいいと思います。それに加えて、国立大志望者や、私大志望だけど共通テストを受けるという人は、「共通テスト対策」の問題集にいずれ取り組みましょう。

いや、共通テストを受けない場合でも、紛らわしい選択肢をうまくさばく練習になることもありますし、共通テスト型の模試というのはイヤでも受けさせられることもありますよね？

だったら誰もが共通テスト対策の問題を多少なりとも演習しておく必要があるかもしれません。模試の結果が悪いと自信を失うこともありますし、「受験に使う全科目どれも共通テスト対策が意味なし」という人はいないのではないでしょうか。

いよいよ大学の過去問へ

教科の基本的知識を身につけていき、共通テスト対策なども行ったら、いよいよ大学の過去問を本格的に解いていくことになります。 いわゆる赤本（教学社）や、青本（駿台文庫）に取り組むということです。

いろいろな大学の過去問は、東進のホームページから無料でダウンロードできるようになっています。一応アカウントを登録することになっていますが、それさえしてしまえばたくさんの問題が手に入るので、問題自体は東進から、解説は赤本や青本を参照、などの使い方もできます。

古い赤本が欲しくても市販されていない場合、古本屋や、Amazon で手に入れることもできます。第一志望は、せめて10年分近くは解いたほうがいいので、ぜひ探してみてください。

赤本や青本は、約5～6年分全科目載っているものが多いですが、『東大の英語25カ年』（教学社）とか、『東大入試詳解25年　英語』（駿台文庫）のように、ひと科目だけかなりの分量を取り扱ったものもあります。目的に応じて使い分けましょう。

大学によっては、ものすごく解説が充実している場合と、ほとんどまともな解説が載っていない場合があります。買う前に、解説がしっかり載っているかどうかチェックを欠かさないようにしてください。たとえば、私の手元にある某女子大の赤本の日本史の部分では解説がなく、答えだけしか載っていません。

赤本、青本は、遅くとも11月には始めたいです。12月では遅いです。赤本も、アウトプット用の問題集と捉えることができます。問題集、参考書はやりっぱなしではダメで、3回くらいは繰り返し復習すべきです。一から全部解きなおさなくても、復習込みで3回という意味です。

そうなると、試験が2月の遅めの日程だったとしても、12月からでは遅いのです。ましてや、1月や2月の上旬に試験がある人はもっと早くから始めるべきだとわかるでしょう。

したがって、遅くとも11月から、できれば10月でもいいかなと思います。

逆算すれば、あまり余裕はないですね。夏休み明けくらいにはある程度学習が進んでいる必要がありそうです。このため、**インプット教材をいかに早く読み進めていけるかがカギとなります。講義の雰囲気をある程度再現した参考書でのインプットを勧めたのはそういう理由です。**

「一問一答」の参考書の使い方

ちなみに、アウトプット用教材でおなじみのものとして、「一問一答」がありますよね。社会の科目全般や、生物、地学などで使っている人が多い印象です。最近では、英文法や数学なども「一問一答」形式の参考書が出版されています。便利で、使い方によっては役立ちます。しかし、教科の基礎知識を身につけるには、問題を解くのが一番です。

学びはじめの人は、そういうレベルの人向けの簡単な問題集で知識の確認をしていったほうがいいと思います。「レベル別」とタイトルのついたシリーズの第①巻のようなものを検討してみましょう。

また、**複雑なグラフ問題や、ややこしい正誤判定問題がなく、ほぼ単純な空所補充だけの問題ばかり扱ったものがあるので、そちらもお薦めです。**

一問一答のメリットは、網羅性が高いことと、一気に復習しやすいことです。デメリットは、文脈のなかで語句を理解できないことです。

一方、問題集は実戦力がつくものの、一つの大問で入試に出題されるかもしれない全部の語句を問うことはできません。

両者を比較すると、**一問一答はある程度学習が進んだタイミングで、複数の単元をまとめて一気に復習するのに向いていることがわかります。はじめから一問一答が復習のメインにならないように気をつけたいですね。**

本以外にも役立つものがある

教材と言えば、本の形になっている参考書以外にも、オンライン授業を提供する学習系のアプリも教材と言えます。

私が今の仕事をして以降、リサーチも兼ねて利用したことのあるサービスに、**「スタディサプリ」**、**「学びエイド」**、**「トライイット」**、**「ただよび」**などがあります。

「スタディサプリ」は、ほぼ全科目授業があり、月額2000円程度の安価な料金で全授業受け放題です。テキストは必ずしも買う必要はなく、PDFで提供されているのでプリンターがあれば紙で印刷できます。製本されたテキストも高くはないので、1年間授業を受けても3～4万円以内です。

個人的には理系科目の数学や理科の授業が気に入りました。そして、文系科目は、古文・漢文の授業が好きでした。本書では、高校の内容がキツイ人は、中学校の内容から振り返るべきことに触れていますが、スタディサプリは中学生用の授業も視聴できるので、有用かもしれません。

授業の雰囲気としては、スライドを利用する先生もいますが、黒板に板書するスタイルの先生が多いです。一科目あたり、受講できる講師は1人か2人くらいで、どの先生を選ぶかの選択肢は多くありません。

「学びエイド」は、先生の顔が見えず、ほぼスライドに書き込んでいくスタイルの授業です。一科目あたり、受講できる講師が複数いて、選択肢がやや多めです。

ただし、誰を選んでいいかわからず、困る可能性もありますが、いくつか講義を視聴してみて、気に入った先生の授業を受けてみるといいでしょう。有料会員になれば、1日の視聴回数の制限がなくなります。

「トライイット」は、YouTubeでも、アプリでも、無料で視聴できる授業がたくさんあります。定期テスト対策や、基本事項の習得などに向いています。

「ただよび」は、YouTubeでさまざまな授業が公開されています。サイトから授業に飛んだほうが、科目ごとに授業が整理されていて、受講しやすいです。私は、この「ただよび」の世界史を担当していました。

あまりにもありすぎて、どれを選んでいいかわからなくなりそうですね。手軽で安いというのが映像系の教材のメリットですが、使い方を間違えて入試に失敗してしまえば、かえって高くつくかもしれません。

大事なのは、「どうしても経済的に費用が高い予備校に行けないから、古文だけは安く済ませたい」などの事情がある場合に、「この先生の映像授業で基礎を学ぶ！」と決めたら、浮気せずにしっかりやることです。

私は職業柄、いろんな参考書や、いろんな映像授業を見ますが、受験生がそれをやるのは良くないので注意してください。

以上、見てきたように、教材の種類は豊富です。ですから、勉強記録をつけていってほしいです。「Studyplus《スタディプラス》」というアプリがあります。スタディサプリではありません。Studyplusでは、どの参考書を、何時間勉強したのか、日々記録をつけることのできるアプリです。週の目標勉強時間を設定したり、入試本番までのカウントダウン表示をさせたりする機能もあります。

ＳＮＳらしく、アプリ内にいる勉強仲間を見つけることもできますが、余計な交流をする必要はないでしょう。受験生はなるべく1人で利用し、フォロー数、フォロワー数などを増やそうなどとは考えないようにしていただきたいです。

スマホを触ったついでに遊んでしまわないように、ある程度まとめて紙にメモしていたその日の勉強時間を、一日の終わりに一気にアプリに記録するのをお勧めします。

②

出版社・シリーズごとの違いを知ろう

学習参考書の出版社は、長年受験生に支持されてきた鉄板の参考書シリーズを持っています。

そこで、各出版社の参考書の特徴を説明します。とりわけ、その出版社がシリーズものを出している場合はそこにフォーカスして説明したいと思います。

東進ブックス

東進ハイスクール関連の、東進ブックスから説明しましょう。ここから出ている、「はじめからていねいに」がタイトルに含まれたシリーズは、たいていわかりやすいです。初心者向けに書かれたものが多いです。

「はじめからていねいに」がタイトルになくても、実質そのシリーズのように捉えて差し支えないようなものもあります。

たとえば、私が受験生のときに授業を映像で受けていた、英語の今井宏先生による『今井の英文法教室』や、『大岩のいちばんはじめの英文法（超基礎文法編）』などは、それに該当します。「はじてい」シリーズと本のカバーデザインが似ているので、ラインナップを確認してください。最近のお気に入りは、『寺師の漢文をはじめからていねいに』です。

紹介されている歴史上のエピソードがとても面白く、飽きずに勉強することができます。昔こんな本に出会えていたら、漢文を苦もなく勉強できたのではないかと思います。

すでに東進に通っている人は、普段視聴している先生の参考書を見つけるのも可能なので、より学習効果も上がるでしょう。

河合出版

河合塾関連の出版社です。私は国語の参考書をよく使った経験があり、非常に質が高いです。

『入試現代文へのアクセス基本編』『入試現代文へのアクセス発展編』『首都圏「難関」私大古文演習』など、いくつかを利用した感想ですが、数名の講師が、議論に議論を重ねて完成させたんだなとわかります。いわゆる正攻法と言いますか、技巧的なものに走らず、正面から解説するスタイルでした。

国語だけでなく、英語、世界史、日本史、地理にも役に立った参考書がありましたし、共通テスト対策のマーク式の問題集は解説が立派です。

『共通テスト総合問題集』『共通テスト過去問レビュー』『マーク式基礎問題集』などからいくつかを選んで取り組めば、共通テスト対策が十分可能です。共通テスト以上のレベルで問題演習をしたければ、『入試精選問題集』シリーズもいいです。とにかく、信頼できる参考書を多く世に出している印象が強いです。

代々木ライブラリー

代々木ゼミナールの関連会社が出している参考書が、代々木ライブラリーです。代ゼミ講師の本がたくさんあります。代ゼミに通っている人は、受講している先生の参考書も購入して、うまく内容をリンクさせることもできるでしょう。

もちろん、代ゼミ生でなくても購入してかまいません。私は公民系科目の授業を担当することがあり、そのときの参考にと、『畠山のスッキリわかる倫理、政治・経済　完成講義』、『畠山のスッキリ解ける倫理、政治・経済　完成問題集』を読みましたが、たいへん勉強になりました。

また、現代文の『田村のやさしく語る現代文』は、とても有名で、評価する国語の先生も多いです。

駿台文庫

駿台が出している参考書です。英単語帳の『システム英単語』がかなり有名ですね。最近では「10題ドリル」のシリーズも登場しました。

このドリルシリーズのなかで、『英文法基礎10題ドリル』を推す英語教育関係者は多いです。英語は語順が大事ですから、並べ替え問題が中心のこの本は、英語の大事なポイントを外さず、また、どんどんコツをつかんで正解できるので、挫折しにくい本だと言えるでしょう。

ドリル形式の問題集は、コツコツ積み上げやすいので、初学者に向いている形式と言えます。検討してみましょう。

Z会

私は受験生のときに、国語は現代文や古文の演習でZ会のものを使用しました。『古文

上達　基礎編　読解と演習45』は良い参考書だったと思います。ふつう、問題文でどんな文法事項が問われているかはわからないわけですが、この本は、学んだ文法事項の知識を利用して解ける問題をうまく配列していました。

註も多く、読みやすくて解きやすいため、初学者にお薦めの参考書と言えます。

また、世界史で『実力をつける世界史100題』（以下『100題』）という有名な問題集があります。日本史バージョンを含めると、使っている受験生が多いのですが、よく特徴を理解せずに使用している人を多く見かけます。

『100題』は、Z会のオリジナルのリード文に下線部や空欄を施し、作成されています。そのテーマごとに、なるべく多くの論点、語句を聞くように作成されているのですが、入試の過去問で構成されているわけではないため、多様な入試問題の形式に慣れるという目的で利用すると、ややズレてしまうことになります。

大学の過去問を中心に収録している学研の『HISTORIA［ヒストリア］世界史精選問題集』や、旺文社の『世界史　標準問題精講』とは異なるということです。

ですから、『100題』の利用者は、秋以降に熱心に取り組むべき、大学ごとの過去問演習をより本格的にやってほしいです。

語学春秋社

「実況中継」シリーズを出版している会社として有名です。予備校講師が予備校で行った授業をできるだけ紙の参考書で再現するというコンセプトの参考書シリーズです。

このシリーズは、文体に非常に臨場感があってわかりやすいです。今まで、教科の基本事項を理解するのに、まさに、うってつけの参考書を多く生み出してきました。

堅苦しい文体が苦手な人は一度検討してみるとよいです。講師の放った冗談なども再現されています。

教学社

全国の大学ごとの過去問集、いわゆる「赤本」を出版している会社です。有名難関大学に関しては、『○○大の数学』『□□大の世界史』みたいに、大学名を冠した過去10～25年という長期間の特定科目の過去問をすべて収録したシリーズも出ています。

志望大学の過去問にはなるべく触れたほうがいいですから、お目当てのものがあればぜひ購入してほしいです。

文英堂

「理解しやすい○○」シリーズを出版しています。予備校講師ではなく、大学教授が執筆しています。そのため、内容の学問的な正確性については、より信頼できます。

ほぼ教科書の代わりに使用するといいでしょう。学校で配布される教科書より、若干わかりやすいイメージです。

KADOKAWA

「面白いほど」シリーズを出版しています。「面白いほど」のあとに、「わかる」、「解ける」、「とれる」などがつきます。特に黄色いカバーのシリーズは、共通テスト対策本の中ではたいへん人気で、インプット用の良い本がたくさんあります。

私は、地理、世界史、日本史、倫理、政経など、社会科の科目はだいたいすべて読みましたが、当たりが多いです。

「学校で授業を受けているけれどよくわからない」というレベルの受験生にとってちょうど良いレベル感のものが多い印象です。

同じシリーズの同じ科目でも、たまに著者が変わります。良い本が多いので、実際に手にとり、あなたにとってわかりやすいかどうか確認してください。

学研

学研にも、共通テスト対策のシリーズがあります。それが、「きめる!共通テスト○○」というシリーズです。○○に科目が入ります。

KADOKAWA「面白いほど」シリーズも良いですが、学研の「きめる!」シリーズも良いので、共通テスト対策として、基礎的な知識をインプットしたかったら検討してもいいラインナップかと思います。

ちなみに、学研には「○○をひとつひとつわかりやすく。」シリーズもあります。こちらは、とにかく入門中の入門と言いますか、極めて基礎的な内容のみを扱ったシリーズでやさしい内容です。本当に不得意な科目があるならば、こちらから試すのも一つの選択肢だと思います。

③

受かる参考書の正しい選び方

参考書の正しい選び方は、まず持ってみた感覚を大切にすることです。紙の質感や、重さなどを確認してください。これは、通販ではわかりません。

メモの書き込みがやりやすそうか、紙の質はどうか、重すぎないか、本のサイズは大きすぎたり小さすぎたりしないか、などを実際に書店で確認してほしいです。

どうしてもAmazonなどで注文したい人も、可能な限り書店でこれらを事前にチェックしたほうがいいと思います。

通販で買う場合も、そうでない場合も、いまはほとんどの人が参考書の購入前にレビューを確認するのが当たり前になりました。評価は★5段階で示され、感想も自由に書かれています。

大事なことは、その口コミを冷静に読み解くことです。Amazonの倉庫から発送するときの梱包がいい加減だったからと、評価で★1がついていたり、SNS上でインフルエンサー的な役割を担っている参考書の著者が気に食わないからと、★1評価がついたり、なんてこともザラにあります。

高評価コメントのなかにも、その参考書の著者側が宣伝のため「サクラ」で書いたのでは？　というものがあります。**他人の極端な評価に惑わされず、できるだけ多くのコメントを見て、総合的に判断してください。**

二つの参考書で迷ったら、それぞれ1章分ずつ読んでみて、解説や文体との相性を確認しましょう。同じ目的のために、2冊異なる参考書を買うのは避けてほしいです。

たとえば、古文の単語帳で異なるものを2冊購入する行為です。

解答が別冊で取り外し可能な便利さがあるかどうか、バーコードを読んで著者の授業動画を視聴できるサービス（最近増えてきました）があるか、など比較するポイントはたくさんあります。

友達や先輩などがくれたアドバイスに、何も考えず従うのはやめてください。正しく迷って自分に合った1冊を選びましょう！

④ 教科ごとのオススメの参考書

今後絶版になったり、タイトルが多少変わったりする可能性もありますが、私が読んだなかで、非常にわかりやすく、ためになると感じた参考書を紹介しておきます。すべて現在の名称です。購入前に、最新の改訂版が出ていないか必ず確認してください。

私は文系科目の講師ですから、参考書の詳しさについて、科目により多少の偏《かたよ》りがあるかもしれません。しかし、理数系科目の参考書についても、知っている限りの情報をお伝えいたします。

国語　評論用語集は必須！

国語で学習する漢字、語彙《ごい》、評論文の読解方法、小説の登場人物の心情解釈方法など、これらの知識や能力をひっくるめた「国語力」は、すべての科目の基礎です。

英語学習で英単語帳を使用し、古文学習で古文単語帳を使う必要性は知られているのに、現代文学習で評論用語集を使用しない人が多いのがずっと不思議でなりません。これに早めに取り組むと成績の伸びが圧倒的に違うので、これから紹介する評論用語集はぜひ使ってください。

❶『高校の漢字・語彙が1冊でしっかり身につく本』（土井諭、かんき出版、2022）

❷『イラストとネットワーキングで覚える現代文単語　げんたん　改訂版』（土井諭ほか、いいずな書店、2020）

❶と❷は、語彙力強化にぴったりです。

❶は現代文の力をつけるための評論用語以外に、漢字の訓練にもなります。漢字学習と語彙力強化学習を融合させたような本です。

❷は、オーソドックスなボキャブラリー強化の参考書です。Z会の『現代文キーワード読解』や、筑摩書房の『読解　評論文キーワード』など、他のものでも代用可能です。

❸『世界のいまを知り未来をつくる　評論文読書案内』（小池陽慈、晶文社、2022）

これは、現代文の予備校講師が、入試現代文で題材として取り上げられやすいテーマを一気に解説してくれている一般書です。

さまざまなテーマを解説していますが、どれもつながりがあります。世の中にはいろいろな意見がありますが、著者の見解は大学の教授も主張しうる内容であり、いまの人文・社会科学で何が問題となっているか知るにはとても良い本です。ある程度学習が進んだ段階で読んでおくといいかもしれません。

❹『無敵の現代文　記述攻略メソッド』（小池陽慈、かんき出版、2020）

現代文の記述問題の解法を指南してくれます。具体的には、「要約をするための効果的なメモの取り方」を教えてくれるという感じです。

テクニック解説のような類ではなく、接続詞などに着目して正面から文章に向き合おうというコンセプトのようです。

国立大学対策に見えますが、私大でも、記述問題の解き方を理解することを通して、よりいっそう文章が読めるようになる可能性があります。

❺『望月光　古典文法講義の実況中継①』（望月光、語学春秋社、2015）

『望月光　古典文法講義の実況中継②』（望月光、語学春秋社、2015）

古典文法の本ならこちらがいいのではないかと思います。わかりやすさ抜群です。2冊で完結なので、少し大変そうだなと感じる人は、同じ著者の『望月光の古文教室　古典文法編』（望月光、旺文社、2014）で古典文法の基礎がためをするといいと思います。

❻『日々古文常識』（二宮加美・岩名紀彦、駿台文庫、2020）

現代文に評論用語の知識が必要なのと似ていて、古文でも「古文常識」というジャンルの知識が必要なことが知られています。

当時の恋愛は、男性が女性にラブレターを書く。そのときに歌を詠《よ》む。そして、女性は返事をするときに、教養のある年上の女性（女房）に代わりに返事の歌を詠んでもらう。

そのような常識がまずあって、そこから古典文法の知識や、古文単語の力を駆使《くし》して解いていくわけですね。

「背景知識」に頼りすぎることも良くないのですが、やはりどの科目も「背景知識」は大事なんです。

この参考書はそんな古文の世界の常識を知るのにぴったりです。

❼『寺師の漢文をはじめからていねいに』（寺師貴憲、東進ブックス、2017）

漢文は、努力すれば確実に点が上がるものの、大学の個別入試では、出題を課されていないところなどもそれなりに多いことから、「コスパが悪い」などとされ、少しないがしろにされている印象です。

しかし、古文の知識が活きてきますし、共通テストには出題されるので、この本でしっかり基本の句形などを準備するといいと思います。

同じ著者が演習用の問題集なども出版しているため、そちらでアウトプットしてもいいと思います。

別のものを使うなら、私の受験生の頃から超有名であった『漢文ヤマのヤマ』（三羽邦美、学研、２０２０）などもあります。

❽『学校推薦型選抜・総合型選抜　だれでも上手に書ける　小論文合格ノート』（菊池秀策、ＫＡＤＯＫＡＷＡ、２０２１）

小論文の書き方の基礎がよくわかります。扱っているテーマの幅も広く、非常にやさしく解説してくれて、短い字数でまとめる訓練ができるのでお薦めです。

❾『身近なテーマで考える力をやしなう　小論文はじめの一歩』（根岸大輔、学研、２０１９）

こちらも非常にわかりやすいです。ビジネス書などから着想を得た方法論が解説されていて、少し変わったタイプの雰囲気がありますが、私はこれを読んで、文章の構想を練る時のヒントをたくさん得られました。

数学　初学者向けもあり

❶『初めから始める数学Ⅰ　新課程』（馬場敬之・高杉豊、マセマ出版社、2022）
『初めから始める数学A　新課程』（馬場敬之、マセマ出版社、2022）
『初めから始める数学Ⅱ　新課程』（馬場敬之・高杉豊、マセマ出版社、2022）
『初めから始める数学B　新課程』（馬場敬之、マセマ出版社、2022）

「初めから始める」シリーズは、途中の式を省略せず、しっかり説明してくれるので数学が苦手な人にも向いています。私も受験生の頃、使っていました。

ほかにも、数学初学者でも理解できそうな良いものはあります。たとえば、『小倉悠司のゼロから始める数学Ⅰ・A』（小倉悠司、KADOKAWA、2023）、『やさしい高校数学（数学Ⅰ・A）改訂版』（きさらぎひろし、学研、2022）、『やさしい高校数学（数学Ⅱ・B）改訂版』（きさらぎひろし、学研、2022）などは、マセマの『初めから始める数学』と同じくわかりやすいです。

❷『数学I・A　入門問題精講　改訂版』（池田洋介、旺文社、2022）

学校で数学の授業を受けていて、少しは身についている単元もあるけれど、全体的には理解できていない単元のほうが多い、という人に向いています。

とてもスッキリまとまっていて、丁寧に定義も説明してくれています。

英語　長文の中で英単語も学べる

❶『システム英単語』（霜康司ほか、駿台文庫、2019）

これは、たいへん評価の高い英単語帳です。ミニマルフレーズという2～3語のまとまりの中に覚えるべき英単語を含めて、フレーズごとに覚えていこうというコンセプトになっています。とてもお薦めです。

掲載語数を減らした『システム英単語Basic』や、中学生向けの『中学版システム英単語』もありますので、より下の段階からはじめたい人はそちらも検討してください。

❷『速読英単語　必修編』（風早寛、Z会、2019）
❸『速読英単語　上級編』（風早寛、Z会、2023）
❹『速読英熟語』（温井史朗、Z会、2000）

❷〜❹は、文章の中で英単語や英熟語を覚えようという趣旨のものです。ある程度英語の学習が進んだ段階で、音読用教材として使う人もいます。「これから英単語を覚えていこう」という初心者が最初に使うならば、中学生用の『速読英単語　中学版』や、『速読英単語　入門編』などから始めないと、難しいかもしれません。❸は特にハイレベルです。

みなさんには、普通の、単語がずらっと並んだ羅列型の単語帳だけでなく、「文章の中で英語の語彙を増やしていく」というタイプのものも検討してほしいと思っています。私がそれでうまくいったからです。

ほとんどの場合、英単語帳は学んでいる場所で指定されると思います。それで構いません。もちろん、『英単語ターゲット1900』などもいいでしょう。

塾や学校の先生を信じて、そこで採用されている英単語帳にしっかり取り組めば、なんとかなります。

しかし、もしみなさんが完全に自分で任意に選べるというのであれば、長文の中で単語を学ぶ形式のものも検討してはどうでしょうか？　最初は難しそうに感じますが、意外とすぐに文章慣れできるかもしれません。

社会　概念やテーマ史もしっかりと

❶『大学入学共通テスト　世界史Bの点数が面白いほどとれる本』（平尾雅規、KADOKAWA、2020）
『大学入学共通テスト　日本史Bの点数が面白いほどとれる本』（山中裕典、KADOKAWA、2020）

世界史は『ナビゲーター世界史』（山川出版社）、日本史は『実況中継』（語学春秋社）など、昔から君臨《くんりん》している参考書がすでにありますが、私はこの「面白いほど」シリーズの世界史・日本史がとても好きです。

わかりにくい概念もしっかり説明してくれています。候補に挙げてほしい参考書です。

ちなみに、このシリーズの倫理も、哲学や思想の古典的名著としっかり格闘してきた先生が、かなりかみ砕いて説明してくれるため、とても良いです。

❷すずゆうテーマ史

世界史はテーマ史がよく出題されます。YouTube上のオンライン教育サービス「ただよび」で、世界史講師の鈴木悠介先生が展開するテーマ史は、面白くて手軽なのでお薦めです。こちらは参考書ではなく動画ですが、入試対策にも役立つので紹介しました。

❸『大学入学共通テスト日本史Bが1冊でしっかりわかる本　原始〜中世編』（塚原哲也、かんき出版、2020）

『大学入学共通テスト日本史Bが1冊でしっかりわかる本　近世〜現代編』（塚原哲也、かんき出版、2020）

史料の解釈、読み取りの訓練になるオリジナルの問題が多数掲載されていて、非常に勉強になります。日本史を入試で選ぶ人はぜひ取り組んでほしいと思います。

❹『日本史の論点』（塚原哲也ほか、駿台文庫、2018）
ハイレベル層向けです。国公立の論述対策をする人は、読んで絶対に損はありません。

❺『時代と流れで覚える！世界史B用語』（相田知史、文英堂、2016）
『時代と流れで覚える！日本史B用語』（鈴木和裕、文英堂、2015）
下線部もないし、地図、資料問題、正誤問題もない、「簡単な空所補充だけの問題集」という感じです。最低限の知識を頭に入れるのに効果的です。
まずはこれをやっていれば、ひどい点はとらないよねという感じでしょうか。世界史も日本史もどちらも良いです。

理科　苦手な人向けもあり

❶『大森徹の生物基礎が驚くほど身につく41講』（大森徹、文英堂、2018）
図がカラフルでわかりやすいです。私は昔、東進の田部先生の本を使ったことがありま

すが、こちらの参考書のほうがより気に入りました。

❷『青木の地学基礎をはじめからていねいに』（青木秀紀、東進ブックス、2016）
こちらも図がカラフルでわかりやすいです。地学基礎を入試科目として選ぶ人はぜひ検討してほしいです。

❸『岡野の化学基礎が初歩からしっかり身につく　改訂新版』（岡野雅司、技術評論社、2022）
私は、個人的に化学に対してかなり苦手意識があり、学生時代まともに勉強したことはありません。そんな私でも、この本の説明であれば理解できました。化学を受験科目に選んだ人は、手にとってみてほしいです。

その他、『宇宙一わかりやすい高校〇〇』というシリーズが学研から出ています。理科が苦手な人でもわかりやすいと評判です。理科が苦手な人はこの参考書も候補に入れるといいのではないかと思います。

おわりに

大学受験を目指す高校生の理想の環境を語るならば、指導が手厚い学校で日々を過ごし、さらに塾や予備校へ通って遅くまで勉強をし、毎日規則正しく長時間勉強ができる環境でしょうか。

いや、塾などにはそもそも通わず、学校の授業内容をベースに合格できてしまうことが本当の理想かもしれません。

ところが、そのような恵まれた環境で過ごしている人はレアなはずです。つい先日、出講先の一人の生徒が、「学校が合わなくて辞めちゃったんです」と言ってきました。つまり、学校での教師による手厚い指導や、気軽に相談できる進路指導部の教員によるサポートを失ったわけですが、塾に今も通っているということは、受験勉強だけは今まで通り続けているのです。

彼女は、塾に通えていて、私のアドバイスも受けることができますが、もっと環境的に厳しい受験生も全国にたくさんいます。**本書では、そんな現状の学力や環境が万全でなくて困っている人向けに、できるだけ具体的な事例を挙げながら受験戦略を解説いたしました。**

受験戦略に、もちろん唯一の正解はありません。とは言え、読者の誰もが、「あ、ここの記述、私の状況と同じだ」と感じて今後の参考にできる部分があったかと思います。ぜひそれを実践してください。

読者のなかには、受験生以外に、教育業界の方や、我が子の教育に関心の高い保護者の方もいるかもしれません。学校でも、塾や予備校でも、どんな教育機関であれ、強み・弱み、メリット・デメリットがあります。それぞれ両方の面を解説したため、もしかすると、人によっては耳の痛い話も登場したかもしれません。

しかし、**受験戦略は取捨選択の連続であり、誤った作戦を立てると失敗する**ということは、みなさんもご理解いただけるでしょう。学校教育や、特定の業態の教育機関を否定する意図はありませんので、ご容赦ください。

そして、改めて受験生へ。ひと昔前、2009年頃、iPhoneの所有者がバカにされる時代があったと聞いて意外に思いませんか？　でも、事実です。

最新の商品やサービスを早期に取り入れる人々のことを、「アーリーアダプター」と言うのですが、初期にiPhoneを使用していたアーリーアダプターの人が、「何それ……、そんなの携帯じゃないよ（笑）」と、周りから言われてバカにされる時代があったのです。今となっては「iPhoneを持っていて当たり前」という感覚の人も増えましたが、のちの結果次第で他人の評価はいずれ変わるのです。

受験も同じです。**成果がでる前にあきらめたら、試合（受験）は終了です。**本書のなかでも書いてきましたが、**今のあなたがどんな状況であったとしても、一歩踏み出して受験にチャレンジする**決意をしたのはたいへん素晴らしいです。とにかく、**すぐにあきらめず、受験に挑んでください。**

最後になりましたが、今回、この本の編集をしてくださった青春出版社の樋口博人さんには、私のつたない文章を一から丁寧に修正していただきました。樋口さんのおかげで、私の書いた一つひとつの文章が、読者に届けるのにふさわしい言葉に置き換わっていきました。

また、写真家の森モーリー鷹博さんには、出版の企画プロデュースを担当していただき、本当に読者へ届けたいことを、読者目線で誠実に文章にする大切さを教わりました。樋口さんと森さんにはたいへんお世話になりました。ありがとうございました。

そして、私を応援してくれる家族、いつも関わってくれる友人や職場の同僚、私の出講先で日々頑張っている生徒、かつての教え子がいなければ、この本は書けなかったでしょう。改めて御礼申し上げます。

2023年5月

久保田幸平

著者紹介

久保田幸平　1989年生まれ。福岡県北九州市出身。高校1年時の進路希望調査票に「プロレスラー」と書き、担任から叱責され、退学を決意。偏差値39の定時制高校に転校。格闘技の練習に打ち込みながら、さまざまなアルバイトを経験した。2浪したのち早稲田大学に入学。就活するなかで、レールから外れた者に対する厳しさを実感し、教育の道を目指す。早稲田大学大学院教育学研究科社会科に進学し、修士課程修了。現在、大学受験塾・学内予備校・資格予備校の講師、高等学校非常勤講師。担当科目は主に世界史。高等学校教諭一種・専修免許状（地理歴史・公民）保有。本書は、現状の学力や環境が万全ではない受験生でも合格を勝ちとるための戦略を惜しみなくまとめた。

偏差値《へんさち》30台《だい》からの難関大学合格《なんかんだいがくごうかく》の手順《てじゅん》

2023年 6 月 1 日　第 1 刷

著　　者　久保田幸平《くぼたこうへい》

発 行 者　小 澤 源 太 郎

責任編集　株式会社プライム涌光
電話　編集部　03(3203)2850

発 行 所　株式会社青春出版社
東京都新宿区若松町12番1号〒162-0056
振替番号　00190-7-98602
電話　営業部　03(3207)1916

印刷　大日本印刷　　製本　大口製本

万一、落丁、乱丁がありました節は、お取りかえします。

ISBN978-4-413-23306-4 C0037